Amar a la

Una Mirada Renovada a los Pasajes de Unos a Otros

Gary DeLashmutt

Copyright 1996 by Gary DeLashmutt
Second edition 2015

A menos que se indique las citas de las Escrituras son de la Nueva Biblia de las Américas (NBLA). Se usaron NVI, NTV, RVA2015.

Contacte: libroscasassa@gmail.com para un precio al por mayor y acceso al autor.

Cubierta diseñada por Max Adam

Edición y publicación por Marie Claude Bastres y Etienne Casassa

Traducción por Marcela Chávez Reyes

Libros Casassa

*Para mi esposa, Bev, que
consistentemente modela
muchas de las verdades
descritas en este libro*

Índice de Contenidos

Prefacio	**5**
1 - La Importancia de la Comunión Cristiana	**9**
2 - ¿Cuán Involucrado Debería Estar?	**21**
3 - Servir Unos a Otros	**27**
4 - Anímense Unos a Otros	**49**
5 - Amonéstense Unos a Otros	**61**
6 - Confiésense Unos a Otros Sus Pecados	**77**
7 - Perdónense los Unos a los Otros	**93**
8 - Acéptense Mutuamente	**111**
9 - Edificando al Cuerpo de Cristo	**141**
Apéndice 1:	**155**
Apéndice 2:	**169**

Gary DeLashmutt

Prefacio

Cuando una cultura rechaza al verdadero Dios, uno de los resultados más trágicos de este rechazo es la destrucción de la comunidad. Sin la sustentadora seguridad del amor de Dios y el conocimiento de la verdad de Dios, la gente tiende a ser más y más egoísta. Las relaciones de los unos con los otros, por lo tanto, se vuelven cada vez más enfermizas y destructivas. Hoy, la cultura occidental está experimentando esta consecuencia devastadora de rechazo al Dios de la Biblia.

Como aquellos que hemos puesto nuestra confianza en Cristo, estamos llamados a expresar el amor y la verdad de Dios a nuestra cultura. Para hacer esto debemos expresar parte de la calidad de la comunidad que Dios quiere para los seres humanos. Porque nuestras relaciones con Dios han sido restauradas, ahora podemos aprender cómo relacionarnos los unos con los otros con amor y verdad como Dios quiere. A través de la comunidad cristiana, podemos mostrar que en Jesucristo existe una salida a la perdición de las relaciones en nuestra cultura.

Pero no tendremos una comunidad perfecta, de la misma manera que no tendremos perfección en ninguna área de nuestras vidas hasta que Cristo regrese. Aunque debemos ser una expresión real de la familia de Dios, la comunidad cristiana también refleja las marcas de una humanidad caída. Nuestras relaciones de unos con otros estarán enturbiadas por el pecado, a veces hasta un punto insoportable.

Debemos dejar de lado todas las expectativas utópicas si esperamos beneficiarnos de nuestro involucramiento en la comunidad cristiana. No encontraremos padres que nos den el amor que nunca recibimos cuando niños. En cambio, encontraremos el amor de Dios que a veces está expresado a través de su pueblo imperfecto, de formas que nos ayudan a entenderlo mejor a él y a confiar más en él como nuestro Padre celestial.

Nunca encontraremos relaciones recíprocas sin pecado ni dolor ni decepción. En cambio, en esas relaciones encontraremos oportunidades para aprender de Dios cómo arrepentirnos y ser pacientes y perdonar y perseverar. No encontraremos líderes que siempre tengan respuestas y nunca cometan errores. En cambio, encontraremos a pecadores que modelen lo que significa reconocer sus errores y continúen en pos de Cristo.

Este libro no se enfoca en cómo otras personas deberían tratarnos a nosotros o cómo otras personas están fallándonos. Si eres como yo, esta perspectiva surge de manera natural cuando piensas acerca de relaciones. Muy naturalmente hacemos preguntas como: "¿Me amas? ¿Suples mis necesidades de la manera que debes?" Este enfoque destruye las relaciones.

Dios tiene una respuesta radical para tales preguntas. Él dice "Te amo, ahora estoy en tu vida. Estoy comprometido a amarte íntegramente y hasta el fin. No tienes que buscar en otros y esperar que ellos suplan tus necesidades, porque yo voy a cuidarte. Va a ser una aventura emocionante que confíes en mí y, entonces, verás como suplo tus necesidades, a veces de manera directa y a veces a través de la intervención de mi pueblo".

Basados en el compromiso de Dios de amarnos así, deberíamos hacer preguntas muy diferentes. "¿Estoy dispuesto a recibir todas las formas de amor bíblico, no solo los tipos que a mí me gustaría recibir? ¿Estoy dispuesto a aprender a dar todas las formas de amor bíblico a los cristianos, no solo los tipos que yo disfruto dando?" Si tú respondes estas preguntas afirmativamente, Dios obrará a través de la comunidad cristiana para cambiar tu vida para bien, y hacerte una influencia más efectiva para Jesucristo.

Este libro no se trata acerca de encontrar la estructura correcta de iglesia. Muchas estructuras diferentes favorecen la comunidad cristiana, y cada iglesia local debe escoger esas estructuras que ayudarán a desarrollar la verdadera comunidad. Sin embargo, el corazón de la comunidad cristiana no es la estructura. Es el compromiso con sus miembros para amarse los unos a los otros como Cristo nos ama. Mi esperanza es que este libro te ayudará a comprender mejor cómo es este tipo de amor, y que te motive a ser un mejor colaborador en tus actuales relaciones cristianas.

Gary DeLashmutt

1 – La Importancia de la Comunión Cristiana

Un mandamiento nuevo les doy: que se amen los unos a los otros. Como los he amado, ámense también ustedes los unos a los otros
(Juan 13:34 RVA-2015).

En este libro, estaremos estudiando los pasajes de "unos a otros" de las cartas del Nuevo Testamento. Hay muchas formas de estudiar el amor cristiano, pero este enfoque es bíblico, práctico y equilibrado. Estos pasajes son la mejor manera de entender lo que Jesús quiso decir con su propio mandamiento de "unos a otros": "… Que se amen los unos a los otros. Como los he amado …" (Juan 13:34 RVA-2015).

Los discípulos de Jesús sabían cómo aplicar este mandamiento porque ellos habían vivido con él por más de tres años, experimentando y observando su amor de primera mano. Pero otros cristianos como nosotros, no tuvimos el beneficio de esta experiencia única. Para llenar este vacío, los apóstoles describieron de forma muy particular el amor cristiano en estos pasajes de "unos a otros". Entonces, al estudiar estos pasajes conformaremos un entendimiento de amor que está arraigado directamente en la Biblia, más que en las opiniones inadecuadas y cambiantes de nuestra cultura de lo que significa amor. Aprenderemos qué significa amar a la manera de Dios.

Esta manera de estudiar el amor cristiano es también práctica. No hay nada abstracto o teórico acerca de los mandamientos como "perdonar unos a otros", "animar unos a otros", y "amonestar unos a otros". No podemos reflexionar en estos pasajes sin ser desafiados a cambiar la forma en que nos relacionamos con los demás. Solo el lector más egoísta podría torcerlos hacia una forma de cómo otros deben tratarlo a él, porque estos están dirigidos a cada uno de nosotros. La Biblia no dice: "Asegúrate de que otros te perdonen", sino más bien: "Perdónense unos a otros". Probablemente descubrirás que tus relaciones con otros cristianos no son lo que deberían ser, pero también descubrirás formas concretas de mejorar.

Finalmente, este enfoque al amor cristiano es equilibrado. El amor de Cristo es multifacético debido a que está arraigado en el carácter multifacético de Dios, y por que los seres humanos y la vida son complejos. Jesús siempre se relacionó con los demás en amor, pero él expresó ese amor de diferentes maneras de acuerdo a la necesidad que la situación requería. Él quiere que cultivemos esta habilidad. Por ejemplo, el mandamiento de animar unos a otros es importante, pero no cubre todas las situaciones en la vida. Muchas situaciones requieren amonestación más que ánimo. Más aún, cada uno de nosotros nos sentiremos atraídos a algunas expresiones de amor cristiano, y repelidos por otras. Aquellas que nos repelen, a menudo exponen debilidades en el desarrollo de nuestro carácter que necesitan una atención especial. Estudiar los pasajes de "unos a otros" nos ayudará a localizar estas áreas y mejorarlas con la ayuda de Dios.

Perspectiva Personal

Dios insiste que apliquemos la verdad bíblica si queremos experimentar su poder transformador. Aprender a amarnos unos a otros, obviamente, involucra un compromiso a relacionarnos con otros cristianos. Aquí es donde las papas queman, y ¡vaya que pueden quemar! Mi propia experiencia inicial en la comunión cristiana fue una gran lucha para mí, pero ha rendido grandes beneficios.

Me convertí en cristiano unas semanas antes de graduarme de secundaria. Solo en mi habitación una noche, y en un extraño momento de honestidad, me di cuenta de que mi vida iba velozmente sin sentido. Aun cuando tenía un montón de amigos y estímulos, yo sabía que estaba solo y sin dirección. Cuando reconocí esto, vino un pasaje de la Biblia a mi mente, un pasaje que un amigo cristiano había compartido conmigo algunos meses antes. No sabía dónde estaba en la Biblia, pero no importaba. Era la promesa que Cristo hizo lo que me cautivó: "Mira que estoy a la puerta y llamo. Si alguno oye mi voz y abre la puerta, entraré, y cenaré con él, y él conmigo" (Apocalipsis 3:20 NVI). Decidí abrir la puerta de mi corazón, diciéndole a Cristo que seguiría su dirección para mi vida solo si él me guiaba.

Pasaron rápido nueve meses. Yo estaba solo en mi habitación nuevamente. Esta vez yo estaba clamando a Cristo, diciéndole que nunca había estado tan solo y miserable como en los últimos nueve meses. Esta vez, en vez de pedirle a Cristo que entrara en mi vida, le pedí que se fuera. Pero Cristo no se fue. En cambio, él me confrontó. No habló con voz audible, pero tengo la certeza que él me habló en ese momento. Su mensaje fue una reprimenda dolorosa: "¿Por qué estás atando mis manos? ¿Por qué estas rechazando mi ayuda a través de mi pueblo?"

Mi involucramiento con otros cristianos desde que yo había recibido a Cristo había sido superficial y esporádico. Ocasionalmente, yo asistía a estudios bíblicos que eran lo suficientemente largos para permitirme evitar conversaciones significativas con otras personas. Generalmente yo llegaba tarde y me iba antes. Como la mayoría de los cristianos nuevos, yo era un analfabeto bíblico, así que las enseñanzas me traían más preguntas que las respuestas que me daban. Mientras le pedía a Dios que me explicara Su Palabra, yo nunca le pedía a otro cristiano que contestara mis preguntas. Durante esos nueve meses, nunca le conté a otro cristiano de mis luchas espirituales o personales. De hecho, nunca interactuaba con otros cristianos en ningún nivel significativo.

Yo estaba en una vía autoimpuesta de aprendizaje lento, y mi propio orgullo era la razón principal de mi falta de progreso espiritual. Cuando miraba alrededor durante esas reuniones cristianas, inevitablemente yo veía a mucha gente que era "mala onda" a mis ojos. Siempre había algo malo con ellos: ellos no tenían la edad apropiada, se vestían de la manera equivocada, o sus personalidades me irritaban. Yo también era demasiado orgulloso para hacer preguntas acerca de la Biblia porque hacerlo significaba traicionar mi ignorancia. Estaba tratando de caminar con Cristo por mí mismo, y como resultado, la vida espiritual que había germinado cuando recibí a Cristo estaba disminuyendo a medida que las dudas y la insatisfacción crecían.

Cristo me llevó a un punto de decisión esa noche. No tomó la decisión por mí, pero me aclaró la decisión que necesitaba tomar. Me llamó a dejar de atar sus manos y me enfrentó con mi necesidad de interactuar con otros cristianos de una manera vulnerable y significativa. Desde esa noche, ha sido claro para mí que esta decisión a involucrarme con el pueblo de Cristo ha sido una de las más significativas de mi vida.

Para mí, los primeros pasos eran hacer las preguntas que tenía y compartir algunas de mis dudas y temores personales. Por supuesto, esto era atemorizante, pero marcó una tremenda diferencia en mi relación con Cristo. Descubrí que no era el único que luchaba, y que había respuestas a la mano. Mi soledad lentamente disminuyó y la confianza de que Dios estaba en control en mi vida creció gradualmente.

Cuando me mudé a una casa de ministerio cristiano, mi vida espiritual floreció aún más. Me sentía más cerca y más conectado con mis compañeros de hogar, y me beneficié grandemente de los debates espirituales informales y las oraciones. Apenas un poco después, respondí. Pablo explica por qué esto es así en Romanos 12. En el versículo 3 (NVI), él escribe: "Por la gracia que se me ha dado, les digo a todos ustedes: Nadie tenga un concepto de sí más alto que el que debe tener, sino más bien piense de sí mismo con moderación, según la medida de fe que Dios le haya dado". La palabra traducida "con moderación" literalmente significa "sicológicamente sano".[1] La salud sicológica involucra tener una opinión precisa de nosotros mismos. La importancia de tener un concepto correcto de sí mismo no es un descubrimiento moderno; es algo que Dios ha enfatizado todo el tiempo.

---

[1] Por ejemplo, en Marcos 5:15 después que el hombre gadareno había sido liberado de la posesión demoníaca, él es descrito como estando "en su sano juicio". Este término *sophronounta* es la misma palabra usada por Pablo en Romanos 12:3.

¿Cómo nos formamos un concepto apropiado de nosotros mismos? Principalmente entendiendo quiénes somos de acuerdo al diseño de Dios y luego, obrar en consecuencia con ese diseño. Al leer todo el Nuevo Testamento, encontramos que Dios constantemente nos informa de quiénes somos debido a nuestra relación con Cristo, y entonces nos insta a seguir ciertos pasos de acuerdo con quiénes somos. A medida que actuamos de manera consistente con lo que Dios dice de nosotros, nuestra confianza vivencial en Dios crece. Por ejemplo, él nos dice que ahora, a sus ojos, somos aceptados permanentemente.

Sobre esa base, él nos llama a acercarnos a él en comunión personal, independientemente de cuán indignos nos sintamos (Hebreos 10:19-22). Al escoger hacer esto (a menudo contra nuestros sentimientos), nuestra confianza vivencial en la aceptación incondicional de Dios, crece. Sin embargo, si esperamos a sentirnos dignos antes de acercarnos a Dios, nuestra confianza en la aceptación de Dios estará sujeta a nuestro comportamiento y estado de ánimo fluctuante.

En Romanos 12, Pablo nos habla de que otra clave para un adecuado concepto de sí mismo es entender cómo estamos relacionados con otros cristianos. Él explica esto con una analogía en los versículos 4 y 5 (NVI): "Pues, así como cada uno de nosotros tiene un solo cuerpo con muchos miembros, y no todos estos miembros desempeñan la misma función, también nosotros, siendo muchos, formamos un solo cuerpo en Cristo, y cada miembro está unido a todos los demás".

Los órganos de nuestros cuerpos físicos están claramente en una relación interdependiente unos con otros. Aunque cada órgano es un individuo único, su identidad es también corporativa. De hecho, descubre y expresa su individualidad en su relación con los otros órganos. Cada órgano necesita la contribución de los otros órganos y cada órgano necesita hacer su contribución a los otros órganos. En un cuerpo saludable y creciente, cada órgano actúa en consistencia con su identidad. Si cualquier órgano comienza a funcionar en contra de esta identidad, lo que sigue es la enfermedad física.

Imagínate por un momento que tus órganos físicos tienen la capacidad de tener conciencia de sí mismos, capacidad de escoger, y de expresarse. Por ejemplo, supongamos que tu hígado no estuviera de acuerdo con el aspecto corporativo de su identidad. ¿Qué pasaría si decidiera: "¡me siento confinado por estos otros órganos! ¡ellos están afectando mi crecimiento como individuo! ¡Quiero ser libre para ser yo!"? O ¿qué pasaría si decidiera: "siento como si soy un apéndice innecesario, no importa si hago alguna contribución o no a este cuerpo, estará bien sin mí"?

Si tu hígado comenzara a creer cualquiera de estas afirmaciones y obrara en consecuencia con estas creencias, estarías muerto en poco tiempo. Sin importar lo que tu hígado cree, es un miembro de tu cuerpo. Como tal, necesita la contribución de tus otros órganos físicos, y hace una contribución vital a la salud en general de tu cuerpo.

¿Qué le dirías a tu hígado? Probablemente le dirías algo similar a lo que Pablo dice en este pasaje: "No seas megalómano. Ni eres autosuficiente ni superfluo. Eres un miembro interdependiente de este cuerpo, y necesitas obrar en consecuencia con este hecho".

¿Cuál es el punto de este análisis de la anatomía humana? Solo esto: Que lo que entendemos y afirmamos acerca de nuestros propios cuerpos físicos, a menudo negamos acerca de nosotros mismos como cristianos. Por varias razones, muchos de nosotros no estamos de acuerdo con Dios de que somos miembros interdependientes del cuerpo espiritual de Cristo.

Sin embargo, independientemente de lo que creemos o sentimos acerca de este asunto, la Palabra de Dios dice que somos miembros del cuerpo de Cristo. Esta identidad no amenaza nuestra individualidad. Cada uno de nosotros tiene una relación única con la Cabeza, Jesucristo, y cada uno tiene un rol único que cumplir en su propósito. Pero cada uno de nosotros es solo un miembro, no todo el cuerpo. Y no tendremos más salud espiritual separados de las relaciones interdependientes con otros cristianos, al igual que nuestros hígados no tendrán salud física separados de su conexión con nuestros otros órganos. Así es como somos, ya sea que lo creamos o no. Esta es nuestra identidad.

Debido a que esta es nuestra identidad, necesitamos obrar en consecuencia con ella, si queremos ser espiritualmente saludables. Porque somos miembros interdependientes del cuerpo de Cristo, necesitamos permitir que Cristo nos dé su vida, amor y verdad a nosotros a través de otros cristianos, y también necesitamos permitirle a él dar lo mismo a otros cristianos a través nuestro. Dios no va a cambiar la forma en que él obra para acomodar nuestra ignorancia o tozudez. En cambio, él busca corregir nuestro entendimiento de quiénes somos a través de su Palabra, y luego nos desafía de manera personal a comenzar a obrar en consecuencia con quienes somos.

Esto es exactamente lo que experimenté como cristiano. Le estaba pidiendo a Dios que me capacitara para crecer espiritualmente aislado como un cristiano autónomo. Él me estaba llamando a reconocer mi identidad interdependiente. El descubrimiento vino cuando decidí verme a mí mismo como un miembro de su cuerpo, y tomar mi lugar como un miembro dispuesto a recibir y a dar.

Impacto Evangelístico Efectivo

También necesitamos involucrarnos en la comunión cristiana por el bien de aquellos que no conocen a Cristo. Todos los cristianos saben que Dios desea que la gente tenga la oportunidad de conocerle a través de Jesucristo. La mayoría de los cristianos también se dan cuenta de que Dios les da el privilegio y la responsabilidad de extender su invitación a los no cristianos. Lo sorprendente es que pocos cristianos entienden que la comunión cristiana es un componente clave de la estrategia evangelística de Jesús. Él hace énfasis en este componente en Juan 13-17.

La noche de su arresto, Jesús pasó varias horas solo con sus discípulos. Durante este tiempo, él compartió con ellos las verdades más importantes para que ellos recordaran. Les dijo que él se iba, pero que el Espíritu Santo continuaría trayendo su presencia y guía para ellos (Juan 14:1-29; 16:5-24). Les dijo que ellos necesitaban continuar dependiendo de él si querían vivir de manera efectiva para él (Juan 15:1-16). Y expresó su deseo de que toda la gente llegue a conocer a Dios creyendo en él y su sacrificio por sus pecados. En este contexto, él también explicó el rol de la comunión cristiana.

En Juan 13:34-35 NVI Jesús dijo, "Este mandamiento nuevo les doy: que se amen los unos a los otros. Así como yo los he amado, también ustedes deben amarse los unos a los otros. De este modo todos sabrán que son mis discípulos, si se aman los unos a los otros". Jesús terminó su debate con los discípulos en Juan 17 con oración. Él oró primero por sí mismo, luego oró por aquellos que estaban en la habitación con él, y luego en los versículos 20-23 NVI, él oró por las generaciones sucesivas de cristianos hasta su regreso: "No ruego solo por estos. Ruego también por los que han de creer en mí por el mensaje de ellos..." Él pidió por nosotros: "...que todos sean uno. Padre, así como tú estás en mí y yo en ti, permite que ellos también estén en nosotros, para que el mundo crea que tú me has enviado... Permite que alcancen la perfección en la unidad, y así el mundo reconozca que tú me enviaste y que los has amado a ellos tal como me has amado a mí".

¿Ves el punto de Jesús? La calidad de la comunión cristiana elogia el mensaje del cristianismo de una manera única. Es crucial compartir el mensaje del amor y la gracia de Dios. La persuasión intelectual y la evidencia histórica pueden ser efectivas al compartir el cristianismo. Una presentación individual bien fundamentada de cómo llegamos a Cristo también tiene lugar. Demostrar integridad personal en tu trato con los no cristianos es también importante. Pero cuando los no cristianos ven a los cristianos amarse los unos a los otros de las maneras características como Jesús amó a sus discípulos, ellos estarán mucho más abiertos a venir a Cristo.

¿Por qué es esto? De alguna manera, la relación entre la comunión cristiana y el evangelismo es como la relación entre la letra y la música de una buena canción. Si la música es aburrida o disonante, yo rara vez pongo atención a la letra. Pero si la música es interesante y atractiva, generalmente yo escucho detenidamente. La comunión cristiana es la música que atrae a la gente a escuchar la letra del evangelio. Mucha gente está intensamente consciente de su deseo de tener relaciones de amor saludables. Cuando ellos son atraídos a la "música" de los cristianos que viven en relaciones restauradas unos con otros, ellos también a menudo son atraídos a la "letra" que les dice que pueden ser restaurados en una relación con Dios a través de Cristo. El autor John White lo pone así:

> El plan de Dios es que los cuerpos locales de cristianos creyentes, funcionando como unidades de amor y cuidado, provean una comunidad dinámica en la cual tanto el testimonio personal como la comunicación evangelística sean intensamente productivas. La iglesia que convence a la gente que hay un Dios es una iglesia que manifiesta lo que solo Dios puede hacer, es decir, unir a los seres humanos en amor... No hay nada que convenza a la gente que Dios existe o que despierte su sed de Dios como el descubrir a hermanos y hermanas cristianas que se aman unos a otros... El contemplar la unidad de amor entre los cristianos cautiva al no cristiano. Choca con su intelecto, remueve su conciencia y crea un tumulto de nostalgia en su corazón porque él fue creado para disfrutar lo mismo que tú estás demostrando.[2]

El difunto filósofo cristiano y autor Francis Schaeffer tenía la misma convicción de que la comunión genuina es esencial para el evangelismo efectivo. Él dijo:

> Como cristianos no debemos minimizar la necesidad de dar respuestas honestas a preguntas honestas. Debemos tener una apologética intelectual [una defensa de nuestra fe]... Pero, sin cristianos amándose unos a otros, Cristo dice que no se puede

---

[2] John White, The Fight [La Batalla] (Downers Grove: InterVarsity Press, 1979), pp. 149-150.

esperar que el mundo escuche, aun cuando damos las respuestas apropiadas. Seamos, por cierto, cuidadosos... de dar respuestas honestas. Por años... la iglesia ha hecho esto muy pobremente... Pero después que hemos hecho nuestro mejor esfuerzo para comunicar [estas respuestas], todavía no podemos olvidar que la apologética final que Jesús da es el amor visible de los verdaderos cristianos para los verdaderos cristianos.[3]

Conclusión

Dios quiere que experimentemos su amor, su perdón, y su guía, y él lo ofrece principalmente a través de otros miembros del cuerpo de Cristo. Él no va a cambiar esta verdad de la importancia de la comunión cristiana por ti o por mí. Escoger ser un cristiano autosuficiente y egoísta es escoger vivir una vida espiritualmente anémica y empobrecida. Dios no se va a llevar nuestro libre albedrío. Más bien, él nos va a confrontar y nos va a preguntar: "¿Cuándo vas a dejar de atar mis manos? ¿Cuándo vas a dejar de evitar que yo te ayude a través de mi pueblo? ¿Cuándo vas a dejar de evitar que yo ayude a mi pueblo a través de ti?" Tu propia relación con Jesucristo será empobrecida a menos que tú afirmes esta identidad en tu comportamiento como también en tu mente. Pero eso no es todo. Tu decisión también afectará la vida de otras personas. Esa es la forma en que la realidad funciona según Dios. Por eso tu decisión acerca de este asunto es tan importante.

Preguntas para debate

1. ¿Qué razones solías usar para evitar la participación activa con cristianos?

---

[3] Francis A. Schaeffer, The Church at the End of the 20th Century (Downers Grove: InterVarsity Press, 1972), pp. 139-140.

2. ¿Estás de acuerdo que escoger obrar en consecuencia con la verdad bíblica es esencial para experimentar su poder en tu vida? Comparte otros ejemplos de este principio.

3. ¿Qué resultado has visto que ha tenido la comunidad cristiana en el evangelismo efectivo? ¿Qué rol tuvo esto en tu propia conversión? ¿Qué acerca de otros que han venido a Cristo?

2 - ¿Cuán Involucrado Debería Estar?

> ... nosotros, que somos muchos, somos un cuerpo en Cristo e individualmente miembros los unos de los otros (Romanos 12:5).

Una vez que nos convencemos de la importancia de la comunión cristiana, es natural preguntarse: "¿Cuán involucrado debería estar?". Lamentablemente, los cristianos a menudo responden a esta pregunta en términos del número de reuniones que debemos asistir cada semana. No deberíamos minimizar la importancia de reunirse con otros cristianos. Por cierto, Hebreos 10:25 nos advierte "No dejemos de congregarnos, como acostumbran hacerlo algunos" (NVI). Sin embargo, esta no es una respuesta apropiada a la pregunta. La comunión cristiana involucra mucho más que asistir a las reuniones. Es posible asistir a muchas reuniones a la semana, y no estar involucrado en la verdadera comunión cristiana. Hay otras situaciones en las que los cristianos no pueden reunirse en grupos ya sea por enfermedad física o persecución. Pese a esas condiciones ellos experimentan algunas de las más ricas expresiones de la comunión cristiana. La respuesta a la pregunta "¿Cuán involucrado debería estar?" debe fluir de las verdades escriturales acerca de la comunión cristiana que estudiamos en el capítulo anterior.

Experimentar la Vida de Cuerpo

Deberíamos estar lo suficientemente involucrados con los otros cristianos como para experimentar de manera regular el hecho de que somos miembros interdependientes unos de otros. Esta prueba se aplica de dos maneras diferentes.

Primero, cada uno de nosotros debe ser capaz de decir: "estoy en forma regular aceptando la vida de Cristo a través de otros cristianos". Esto representa el lado receptor de la comunión cristiana. Algunos cristianos piensan que su necesidad de apoyo en la comunión con otros cristianos es una señal de debilidad. "Si yo fuera espiritualmente maduro, me daría cuenta de que Jesús es el Único que yo necesito". Hay un elemento de verdad en esta afirmación. Según la Biblia, Jesús es, por cierto, al Único que necesitamos. Él solo es capaz de suplir todas nuestras más profundas necesidades de seguridad, sentido, dirección, y significado. Es por eso que deberíamos ser cuidadosos de no esperar que otros seres humanos suplan totalmente estas necesidades. Esa dependencia es una forma de idolatría que nos decepcionará. También necesitamos pasar tiempo a solas con Jesús para cultivar la relación íntima con él.

Sin embargo, persiste el hecho de que Jesús escoge suplir muchas de nuestras necesidades a través de la intervención de otros cristianos. Dado que este es el caso, debemos iniciar regularmente la conexión con otros cristianos de maneras que permitamos que esto ocurra. Por esto Pablo, usando la metáfora del cuerpo, nos advierte, ¡"El ojo no puede decirle a la mano: «No te necesito». Ni puede la cabeza decirles a los pies: 'No los necesito'"! (1Corintios 12:21 NVI). Muchos cristianos prefieren hablar de este tipo de relación como vida de cuerpo, porque este término expresa el tipo de interdependencia que Pablo insiste que debe ser la norma para nosotros como miembros del cuerpo espiritual de Cristo. "Ir a la iglesia" semanalmente es un nivel muy diferente de participación que la vida de cuerpo.

Es también interesante que Pablo, se podría decir que es el cristiano espiritualmente más maduro que haya existido, veía la colaboración con otros cristianos como una necesidad continua en su propia vida. Cuando encontramos a Pablo en el libro de los Hechos o en sus cartas, él está siempre con otros cristianos.[4] En una situación, durante una crisis ministerial tuvo que separarse temporalmente de sus amigos cristianos. Refiriéndose a este incidente, Pablo dijo: *"Por tanto, cuando ya no pudimos soportarlo más,* pensamos que era mejor quedarnos solos en Atenas" (1Tesalonisenses 3:1 NVI, cursiva añadida). Para Pablo, ¡estar solo (sin los amigos cristianos) era el último recurso!

¿Puedes identificar a las personas a través de las cuales Jesús te ha ayudado espiritualmente en las últimas semanas? ¿Puedes decir que esto ha llegado a ser una importante parte de tu vida, y que te das cuenta intensamente cuando está ausente? La posibilidad de estar aislado de los amigos cristianos, ¿es una crisis que tú voluntariamente soportarías? Si puedes honestamente responder sí a estas preguntas, estás experimentando tu identidad como miembro del cuerpo de Cristo. Estás involucrado en una importante característica de la vida de cuerpo.

Segundo, también deberíamos ser capaces de decir en forma creciente que "regularmente estoy dando la vida de Cristo a otros cristianos". Este es el aspecto de contribución de la participación en la comunión cristiana. Dios quiere que demos su vida a otros como también que recibamos su vida a través de ellos. Para este fin, él ha dotado a cada cristiano para tener un rol único en la edificación de otros cristianos. Algunos son dotados para enseñar, otros dotados para administrar, otros para mostrar misericordia, otros para animar. Cuando ejercemos nuestros dones espirituales, edificamos a otros cristianos espiritualmente, y experimentamos la satisfacción que viene de funcionar en un área de competencia dada por Dios. Conocer nuestra contribución es tener un impacto espiritual significativo en los demás,

---

[4] Quizás Pablo aprendió su identidad como miembro del cuerpo de Cristo durante su conversión. Cuando él fue derribado por Jesús en el camino a Damasco cuando iba a arrestar a los cristianos, él clamó "¿quién eres, Señor?" la respuesta de Jesús, "Yo soy Jesús, a quien tú persigues", le comunicó su unión esencial con todos los verdaderos cristianos. Aunque Jesús dejó ciego a Pablo a través de un encuentro directo, él sanó a Pablo y lo comisionó como un apóstol a través de Ananías. A través de estas palabras y acciones Jesús reveló la verdad esencial de su cuerpo a Pablo desde el principio de su trato con él.

es parte de nuestro derecho natural como hijos de Dios. ¡Cuán triste es que muchos cristianos nunca experimentan esta satisfacción!

¿Cómo podemos descubrir nuestros dones espirituales? De muchas diferentes maneras Dios nos revela nuestros roles ministeriales, y esto normalmente ocurre como un proceso, más que todo de una vez. Hablaremos de esto con más detalle luego, pero una cosa es clara: descubriremos nuestros dones solo cuando estemos involucrados con otros cristianos. Dios nos da dones espirituales para edificar a otros cristianos. Mientras tratamos de edificar a otros, él también afirmará nuestras áreas de fortalezas a través de la retroalimentación consecuente de otros cristianos que se han beneficiado de nuestro servicio. Pero nunca obtendremos este tipo de retroalimentación a menos que nos relacionemos activamente y de manera regular con otros cristianos.

¿Puedes identificar a los cristianos que Dios ha influido positivamente a través tuyo en las últimas semanas? ¿Tienes una mejor idea de la que tenías hace un año, de cómo Dios te ha dotado para servir? ¿Puedes decir que dar la vida de Cristo a otros cristianos se está volviendo una parte integral de tu vida? ¿Es la posibilidad de no poder hacer esto algo cada vez más desagradable para ti? Si puedes responder positivamente a preguntas como estas, ¡tú estás involucrado en la vida de cuerpo!

Amándonos Unos a Otros

Otra forma de responder a la pregunta "¿Cuán involucrado con otros cristianos debería estar?" es reflexionar en las implicaciones del mandamiento de Jesús: "... que se amen los unos a los otros. Así como yo los he amado...". Como dije al comienzo de este estudio, los apóstoles usaban los pasajes de "unos a otros" para explicar lo que significa "que se amen los unos a los otros. Así como yo los he amado". La frase "los unos a los otros" describe una relación recíproca. Es decir, debemos dar amor los unos a los otros y debemos estar dispuestos a recibir amor los unos de los otros. A algunos de nosotros nos gusta dar, pero nos sentimos incómodos recibiendo amor de los demás. A algunos de nosotros nos gusta recibir, pero tenemos problemas dando amor a los demás en forma consistente. Hay muchas razones por las cuales somos de esta manera, y dichas tendencias no cambian de la noche a la mañana. Sin embargo, la participación auténtica en la comunión cristiana, significa que nos hemos comprometido a aprender tanto a dar como a recibir amor. Por esta razón, nuestras relaciones más cercanas deben ser con otros cristianos que también se han comprometido con el mismo objetivo de crecer en amor. Aquellos que se relacionan solo rara vez o superficialmente con otros cristianos no están suficientemente involucrados. Quizás vayan a las reuniones, pero no están "en comunión".

Los imperativos de "los unos a los otros" también nos muestran que Dios quiere que expresemos amor de muchas diferentes maneras. Algunas de estas maneras nos resultan más fáciles que otras. Por ejemplo, puedo encontrar fácil amonestar a otros, pero difícil animar a otros. ¿Está bien si nos especializamos en amonestación? No estaría bien, si yo quiero el tipo de participación en la comunión cristiana que Dios tiene diseñado para mí. En cambio, él comenzará a llamar mi atención hacia las oportunidades para animar a otros, y necesito estar dispuesto a practicar esta forma de dar amor que me hace sentir incómodo. A medida que practicamos amar a los demás en todas las formas que Cristo nos ama, Dios nos demostrará su habilidad para cambiarnos y enriquecer nuestras vidas y las vidas de otros de maneras que nunca pensamos que era posible. En este contexto de un estilo de vida basado en el amor desinteresado, Dios también nos revela nuestros dones espirituales y nuestros roles únicos de ministerio.

Advertencia: ¡Peligros Adelante!

Mientras estudias este material, trata de evitar dos potenciales peligros. Primero, no seas perfeccionista contigo mismo. Ninguno de nosotros nunca amará a los demás de la manera que Jesús nos ama. Este es siempre el objetivo, lo que significa que siempre habrá espacio para mejorar, pero en esta vida nos quedaremos cortos continuamente del objetivo. Por cierto, la gente que es más efectiva amando a los demás es generalmente la que está más intensamente consciente de ¡cuánto le falta! Por eso deberíamos cultivar la comunión cristiana genuina en el terreno de la gracia de Dios. La gracia de Dios nos perdona y nos capacita para levantarnos y seguir dedicándonos al objetivo de amar a los demás más efectivamente.

Segundo, no seas perfeccionista con los demás. Es fácil torcer los imperativos de "los unos a los otros" a un estándar sin misericordia por la cual evaluamos los intentos de los demás por amarnos. Cuando hacemos esto, comenzamos a albergar resentimiento hacia los cristianos que no nos aman tanto como nosotros pensamos que ellos deberían, o de la manera que pensamos que ellos deberían. Nada destruirá la comunión cristiana más rápidamente que esta mentalidad. Los demás nunca nos amarán de manera perfecta en esta vida. Si insistimos en todo o nada en las relaciones con otras personas caídas, cada vez obtendremos nada. Por eso algunos de los mandamientos más importantes de "unos a otros" son "perdónense unos a otros" y "sopórtense unos a otros". Cuando buscamos amar a los demás bajo la gracia de Dios, y dar a los demás esa misma gracia a medida que ellos se relacionan con nosotros, veremos a Dios hacer de nuestros esfuerzos imperfectos algo más sanador y significativo de lo que podríamos hacer por nosotros mismos.

Preguntas para Debate

1. Evalúa tu actual participación en la comunión cristiana. ¿Cuál es el desafío más grande para ti: recibir o dar? ¿Qué pasos prácticos puedes dar para abordar las deficiencias en tu involucramiento?

2. ¿Qué forma de perfeccionismo es un mayor desafío para ti: perfeccionismo contigo mismo o con los demás? ¿Qué pasos prácticos puedes dar para aplicar la gracia de Dios en esta área?

3 – Servir Unos a Otros

> *... yo estoy entre ustedes como uno que sirve (Lucas 22:27 NVI).*

En el último capítulo, vimos que Jesús estableció un nuevo modus operandi para sus seguidores: "Este mandamiento nuevo les doy: que se amen los unos a los otros. Así como yo los he amado, también ustedes deben amarse los unos a los otros" (Juan 13:34 NVI). Las preguntas que nos surgen son "¿Cómo es este tipo de amor? Y ¿Cómo podemos imitarlo?"

Obtenemos una clave a partir del contexto de este versículo. Es el anochecer del día del arresto de Jesús. Él reunió a sus discípulos para celebrar la fiesta de la Pascua y les explicó que está a punto de cumplirla por medio de su muerte. El lugar es una habitación secreta de un segundo piso en algún lugar de Jerusalén. Jesús se sentía profundamente cargado por la experiencia dura que estaba a punto de vivir, y él quería estar con sus amigos más cercanos. Mientras tanto, sus discípulos estaban ocupados debatiendo su tema favorito: "Tuvieron además un altercado sobre cuál de ellos sería el más importante" (Lucas 22:24 NVI). Al mismo tiempo que Jesús más deseaba su apoyo, ellos estaban ocupados haciéndose notar.

Esta batalla del ego creó una situación incómoda. La costumbre judía dictaba que los pies de las visitas fueran lavados cuando llegaban. Esta costumbre refrescaba a las visitas y les comunicaba el amor y respeto. Sin embargo, porque la tarea era tan humilde e insignificante, estaba reservada para los esclavos de la casa. Evidentemente, no había ningún esclavo presente en la planta alta. Dado que los pares, generalmente, no se lavan los pies entre ellos[5], cualquier discípulo que hiciera esto, estaría retractándose de su proclama de ser el más grande.

---

[5] D.A. Carson, The Gospel According to John (Grand Rapids: Zondervan Publishing House, 1991), p. 462.

¿Cómo responderías si estuvieras en el lugar de Jesús? Probablemente yo largaría una queja de disgusto, quizás hubiera golpeado la mesa con mi puño y los hubiera regañado con una feroz reprimenda. El enfoque de Jesús fue diferente. Juan nos dice que Jesús "se levantó de la mesa, se quitó el manto y se ató una toalla a la cintura. Luego echó agua en un recipiente y comenzó a lavarles los pies a sus discípulos y a secárselos con la toalla que llevaba a la cintura" (Juan 13:4-5 NVI). Asumiendo el papel de un esclavo, Jesús lavó el polvo de los pies de cada uno de sus agrandados discípulos. Él lavó los pies de Judas, sabiendo que pronto lo traicionaría. Él lavó los pies de Pedro, sabiendo que pronto lo negaría. Cuando él terminó, su toalla atada en la cintura estaba café con la suciedad de las calles de Jerusalén.

Entonces, en el vergonzoso silencio creado por sus acciones, Jesús habló a sus discípulos. "¿Entienden lo que he hecho con ustedes?... Ustedes me llaman Maestro y Señor, y dicen bien, porque lo soy. Pues, si yo, el Señor y el Maestro, les he lavado los pies, también ustedes deben lavarse los pies los unos a los otros. Les he puesto el ejemplo, para que hagan lo mismo que yo he hecho con ustedes" (Juan 13: 12b-15 NVI). Para asegurarse que ellos entendían, él también dijo: "Los reyes de las naciones oprimen a sus súbditos, y los que ejercen autoridad sobre ellos se llaman a sí mismos benefactores. No sea así entre ustedes. Al contrario, el mayor debe comportarse como el menor, y el que manda como el que sirve. Porque, ¿quién es más importante, el que está a la mesa o el que sirve? ¿No lo es el que está sentado a la mesa? Sin embargo, yo estoy entre ustedes como uno que sirve" (Lucas 22:25-27 NVI).

A través de su ejemplo y de sus palabras, él rechazó el fundamento desde donde operaban sus discípulos. Mientras él ratificaba sus deseos de ser grande, él redefinió la medida de verdadera grandeza. La verdadera grandeza no tiene que ver intrínsecamente con nuestra posición o título. La verdadera señal de grandeza no es cuánta gente te sirve, sino cuánto y cuán sacrificialmente sirves tú. Cuando Jesús dijo poco después, "que se amen los unos a los otros, así como yo los he amado" los discípulos sabían que este amor involucraba servir unos a otros.

En este contexto, Jesús hizo otra afirmación que destroza nuestra perspectiva normal de la vida. "Ahora que saben estas cosas, Dios los bendecirá por hacerlas" (Juan 13:17 NTV). "Bendecirá" en este contexto no se refiere a alguna alegría religiosa etérea. La palabra griega (*makarios*) significa "feliz" o "satisfecho". ¡Aquí hay una receta para la felicidad personal que es como "al revés" de la definición de grandeza de Jesús!" El mundo nos enseña que seremos felices cuando logremos que otras personas nos amen y nos sirvan como deseamos. Sin embargo, Jesús, dice que seremos felices cuando aprendamos a practicar consistentemente el servicio en amor hacia los demás.[6] Nuestra felicidad en la vida no está sujeta finalmente a cómo otros nos ven o nos tratan; algo sobre lo cual no tenemos verdadero control. Es más bien el resultado de recibir el amor de Cristo y luego servir a otros en amor.

Junto al asombroso mensaje de la gracia de Dios, este es la verdad más revolucionaria de la Biblia. La gracia de Dios hace que su amor y aceptación estén disponible para nosotros como un regalo, completamente aparte de todo mérito de nuestra parte. A través del servicio de amor de la muerte de su Hijo en la cruz, Dios ofrece "lavar nuestros pies", limpiándonos permanentemente de nuestros pecados. Entonces él nos promete una vida de realización personal mientras cultivamos un estilo de vida entregado a los demás por Jesús. Verdaderamente, si sabemos estas cosas, ¡estaremos satisfechos si las hacemos!

¿Qué significa vivir un estilo de vida de siervo? Esa es una gran pregunta. La Biblia la responde de varias maneras. El servicio involucra el uso de nuestros dones para edificar al cuerpo de Cristo. También es algo que debemos practicar en los diferentes ámbitos de nuestras vidas (matrimonio, familia, trabajo, iglesia, etc.). Aunque, más que ninguna

---

[6] Paul quotes Jesus in a similar statement in Acts 20:35: "It is more blessed (*makarios*) to give than to receive".

otra cosa, el servicio es una actitud, un modo de pensar. "Haya en ustedes esta manera de pensar que hubo también en Cristo Jesús" dijo Pablo (Filipenses 2:5 RVA-2015). Muchos pasajes del Nuevo Testamento explican esta actitud y la contrastan con actitudes que se oponen.

Servicio Versus Egoísmo

El egoísmo es obviamente lo opuesto a una actitud de siervo. Pablo dice: "No hagan nada por egoísmo..." (Filipenses 2:3 NVI). Ser egoísta significa vivir para sí mismo; hacer de nuestros deseos la consideración primaria de nuestras decisiones. El cristiano egoísta es uno que resiste o evita el servicio como una forma de vida. Esta forma de vida puede expresarse en variadas maneras.

Protector de Sí Mismo Versus Centrado en los Demás

No hace mucho tiempo, visité la ciudad de Manaos en el Amazonas Brasilera. Caminando una noche, vi pandillas de niños pequeños, no mayores de doce o trece, vagando por las calles. Ellos estaban ya sea pidiendo dinero, tratando de robar billeteras, robando en las tiendas, y/o golpeándose entre ellos. Cuando ofrecí comprar un sándwich para uno de ellos, él me reprendió y me exigió dinero. Me quedé horrorizado por esta situación y le pregunté a mi amigo brasilero por qué a estos niños nadie los cuidaba. Su respuesta me impactó. Él dijo: "Ah, esos son niños 'desechados'. Sus padres no los querían, así que los abandonaron aquí en la ciudad. Muchos de ellos han estado en las calles desde que tenían cinco o seis años". En un momento, mi perspectiva de estos niños cambió radicalmente. Si bien su comportamiento no era menos objetable, pude entender mejor por qué ellos actuaban de la manera que lo hacían: no tenían padres que los cuidaran. Abandonados en una ciudad hostil, ellos tenían que cuidar de sí mismos para sobrevivir.

En cierto modo, los niños 'desechados' de Manaos son una imagen de la humanidad alejada de Dios. Nacidos en un mundo profundamente caído, estamos solos y luchando por sobrevivir en un ambiente hostil. Este escenario conduce naturalmente a una forma de vida que se protege a sí misma, centrada en sí misma. Cuando llegué a la secundaria, me di cuenta de que la mayoría de la gente (incluyéndome) no funcionábamos a través de motivaciones altruistas. Aquellos que no entienden esto, desaparecen y son desechados. Me propuse sobrevivir y llegar a ser el número uno. Otras personas eran depredadores (que debía evitar) o víctimas (para ser usadas). No me sentía completamente cómodo con esta filosofía de vida, y a menudo yo no podía vivir consecuentemente con esto, pero yo creía que era real.

El cristiano egoísta todavía funciona desde este mismo supuesto: "Tengo que cuidarme yo primero. Si no lo hago, ¿quién lo hará?" El problema con esta perspectiva, por supuesto, es que como cristianos ya no estamos abandonados. Dios nos ha adoptado en su familia, y él ahora promete cuidarnos como sus hijos amados. Este hecho debería cambiar fundamentalmente la forma en que vemos a Dios, y cómo nos relacionamos con los demás.

Imagínate cómo sería si tú adoptaras uno de los niños 'desechados' y lo trajeras a tu casa. Probablemente le tomaría un tiempo darse cuenta que ya no tiene que relacionarse más con los demás como lo hacía. Probablemente, lo atraparías robando dinero de tu billetera. Es posible que te avergüence al robar cuando lo lleves a una tienda. Sus supuestos acerca de la vida están tan profundamente arraigados que no podrían cambiar de la noche a la mañana. Tú le tendrías que explicar vez tras vez que ya no es necesario vivir como un depredador-sobreviviente, porque tú le amas y le suplirás sus necesidades básicas. Es de esperar que, él comience a creerte. ¿Cuál sería la prueba de que te creería? A medida que él viera tu fidelidad, él comenzaría a relajarse en la confianza de que tú estarás allí para él. Él dejaría de robar comida y dinero, porque él se daría cuenta de que ya no es necesario. La evidencia real de que él está viviendo como tu hijo adoptado sería que él comenzara a tener interés en cómo darse a los demás. Al creer que sus padres amorosos suplirán sus necesidades, él comenzaría a desarrollar un interés en ayudar a los demás.

¿Cómo podía Jesús estar tan centrado en los demás con sus discípulos la misma noche que él sabía que iba a ser arrestado? Muchos cristianos asumen que como él era Dios, él simplemente "encendía su amor divino". De hecho, Jesús era completamente Dios, pero el Nuevo Testamento nos dice que él vivía como un humano con las mismas limitaciones que nosotros experimentamos. Él vivía una vida de dependencia perfecta del Padre. Juan nos dice que por eso él podía estar tan centrado en los demás esa noche. "Sabía Jesús que el Padre había puesto todas las cosas bajo su dominio, y que había salido de Dios y a él volvía; así que se levantó de la mesa, se quitó el manto y se ató una toalla a la cintura. Luego echó agua en un recipiente y comenzó a lavarles los pies a sus discípulos ..." (Juan 13:3-5 NVI). Jesús sabía que su vida estaba segura en las manos de su Padre. Porque él sabía y creía esto, él se enfocó en cómo podía servir a sus discípulos. Este es el ejemplo que él nos dejó para que sigamos.

Los cristianos que viven centrados en sí mismos, con vidas que se protegen a sí mismos, están viviendo en negación absoluta de que tienen un poderoso y amoroso Padre celestial. Cuando Jesús nos reprueba por ser consumidos por la ansiedad material, él basa su reprobación en el hecho de que tenemos un Padre que nos ama y que ha prometido cuidarnos.

> Por eso les digo: "No se preocupen por su vida, qué comerán o beberán; ni por su cuerpo, cómo se vestirán... Fíjense en las aves del cielo: no siembran ni cosechan ni almacenan en graneros; sin embargo, el Padre celestial las alimenta. ¿No valen ustedes mucho más que ellas? ... Y por qué se preocupan por la ropa? Observen cómo crecen los lirios del campo. No trabajan ni hilan; sin embargo, les digo que ni siquiera Salomón, con todo su esplendor, se vestía como uno de ellos. Si así viste Dios a la hierba que hoy está en el campo y mañana es arrojada al horno, ¿no hará mucho más por ustedes, gente de poca fe? Así que no se preocupen diciendo: "¿Qué comeremos?" o "¿Qué beberemos?" o "¿Con qué nos vestiremos?" Los

paganos andan tras todas estas cosas, pero el Padre celestial sabe que ustedes las necesitan" (Mateo 6: 25-32 NVI).

Jesús no se detiene ahí. Nuestra confianza en el cuidado de Dios no solo debería liberarnos gradualmente de nuestras preocupaciones, sino que también debería liberarnos para servir a los demás. Lucas registra la conclusión de Jesús cuando él habló del mismo tema: "No tengan miedo, mi rebaño pequeño, porque es la buena voluntad del Padre darles el reino. Vendan sus bienes y den a los pobres..." (Lucas 12:32-33 NVI). Como un acto de fe que Dios cuidará de mí, debo comenzar a pensar acerca de cómo Dios puede querer usarme para ayudar a los demás. "no buscando cada uno sus propios intereses, sino más bien los intereses de los demás" (Filipenses 2:4).

Es difícil cultivar una vida centrada en los demás. Nosotros en forma natural pensamos en lo que necesitamos y lo que debemos hacer para obtener lo que necesitamos. Sin embargo, Dios quiere enseñarnos a confiar en él lo suficiente para que pensemos en las necesidades de los demás. Su Espíritu puede recordarnos la fidelidad de Dios que él promete en su Palabra y nos demuestra en nuestras vidas. Él también nos provee regularmente con oportunidades para ayudar al resto, a menudo cuando nos sentimos consumidos por nuestras propias necesidades. Nuestra parte no es solo responder a las oportunidades que Dios pone ante nosotros, sino también creativamente "*Consideremos* cómo estimularnos unos a otros al amor y a las buenas obras." (Hebreos 10:24 NBLA). Debemos escoger enfocarnos en la gente que Dios ha traído a nuestras vidas, y en oración meditar cómo podríamos influenciar sus vidas para bien. Mientras cooperamos con él en este proceso, podemos gradualmente convertirnos en personas más y más genuinamente centradas en los demás, y más genuinamente felices, ¡también!

Dueño Versus Mayordomo

Cuando tenemos una perspectiva egoísta, nos vemos a nosotros mismos como los dueños de nuestras vidas. Como dueños, escogemos nuestras propias agendas. Los detalles de nuestras agendas pueden variar ampliamente, pero el resultado es el mismo: Esta es *mi* vida, estas son *mis* cosas, y las uso para lograr *mis* propósitos. Al ser enfrentados con las necesidades de los demás, nos sentimos cómodos diciendo "esto no encaja en mi agenda, así que me rehúso a considerarlo".

La gente ha funcionado de esta manera desde que Adán y Eva le dieron la espalda a Dios; pero hasta hace muy poco la sociedad veía esta actitud como inmoral. La tendencia de la gente era relacionarse unos con otros por motivos egoístas, pero generalmente sentían la necesidad de defender sus acciones basados en algún otro estándar desinteresado. Era grosero e inaceptable ser abiertamente egoísta y no arrepentirse de ello. Dentro de las últimas décadas, todo eso ha cambiado en el mundo occidental. Hoy, ¡nuestra cultura promueve la vida egocéntrica como una virtud! Los expertos ofrecen seminarios de entrenamiento en autoafirmación, enseñándonos cómo obtener lo que queremos e ignorar aún las legítimas necesidades de los demás. Ellos etiquetan a aquellos que adoptan un estilo de vida de servicio como "disfuncional" o "codependiente". Esta es la era de la revista "Yo" y los programas de debates que actúan como sumos sacerdotes del culto a uno mismo. Por primera vez en la historia del ser humano, el bienestar sicológico y sociológico está siendo definido en categorías abiertamente egoístas. Como la Biblia lo predijo, la gente está convirtiéndose en verdaderos "amantes de sí mismos" (2Timoteo 3:2), y el amor de muchos se está enfriando (Mateo 24:12). Este desarrollo está desencadenando un nivel de enajenación, brutalidad, y miseria nunca antes vista en la historia humana.

Por supuesto, ciertos tipos de servicio pueden ser no saludables. Exploraremos algunas de estas aberraciones luego en este capítulo, pero poner el servicio y el seudo servicio neurótico dentro del mismo saco es tanto irracional como antibíblico. Como seguidores de Cristo, debemos ser sumamente críticos de este énfasis, y estar listos para exponer su vacío, por medio de vidas que manifiestan el servicio en amor. Trágicamente, muchos cristianos occidentales en cambio están tragándose esta mentira; y defendiéndola también. Los libros cristianos que sacan provecho de cómo construir la autoestima, cómo dejar de amar a los demás, cómo abrazar tu dolor y admitir tu victimización, y cómo poner límites, son noticia candente. Hay verdad en muchos de estos libros, pero a menudo el énfasis principal es tremendamente no bíblico porque no defienden un estilo de vida de servicio en amor.

Como cristianos, hemos comenzado una relación personal con el Dios viviente. Al pagar el castigo por nuestros pecados, Cristo nos compró para sí. "Ustedes no son sus propios dueños; fueron comprados por un precio. Por tanto, honren con su cuerpo a Dios" (1Corintios 6: 19-20 NVI). Por la misericordia que Dios ha derramado sobre nosotros, debemos reconocer este hecho y libremente elegir dar nuestras vidas a él. En otras palabras, debemos comenzar a vernos conscientemente a nosotros mismos como *mayordomos*. Un mayordomo no es un dueño. Es un administrador a quien se le confía las posesiones de su dueño y se le da la responsabilidad de invertirlas en sus propósitos. Este giro en cómo nos vemos a nosotros mismos es fundamental para un estilo de vida bíblico genuino.

Entonces, para los mayordomos cristianos la principal consideración no es "¿Qué quiero hacer?" sino más bien "¿Cuál es la voluntad de Dios?" Esta no es una verdad moralista trivial; es una convicción que Jesús practicaba y nos llama a practicar también. En la noche de su arresto, Jesús agonizaba en la perspectiva de la humillación, tortura física, y la inimaginable experiencia de soportar la furia de la ira del Padre por nuestros pecados. Aunque él había vivido toda su vida humana consciente de que este era el propósito por el cuál él vino, él cedió bajo el peso de su inminencia. Todos sus instintos humanos reaccionaron ante la demanda de que él sacrificara su vida. Él clamó en la vana esperanza de que hubiera una forma de evitar este destino, pero él recibió solo la respuesta del silencio de su Padre y su propio recuerdo de las Escrituras. Jesús demostró su grandeza reafirmando la convicción que dirigía su vida: "...no sea lo que yo quiero, sino lo que tú quieras." (Marcos 14:36). La mentalidad de mayordomo expresada en esta oración es la esencia de toda oración auténtica.

¿Cómo respondes cuando Dios contradice tus planes con las necesidades de los demás? Los mayordomos cristianos continúan descubriendo el egoísmo en sus planes, pero reconocen que esto es inconsistente con el amor a Dios. ¿Estás aprendiendo a decir con Jesús, "quiero los planes de Dios para mi vida, así que estoy dispuesto a someter mis planes a los suyos"? Esto no significa que digamos "sí" a cada solicitud o requerimiento que otros nos hagan, sino que significa que renunciamos al derecho a desistir simplemente porque no encaja con nuestros propios planes que hemos elegido. Si abrazamos una identidad de mayordomo, podremos ver cómo Dios ha interrumpido de manera regular nuestros planes con su voluntad para servir a los demás. Estas interrupciones son a veces dolorosas, y nos darán vagos destellos de la experiencia de Jesús en Getsemaní. También, nos llevarán por el camino de una vida de creciente libertad y realización.

Servicio Versus Servilismo

Servilismo es una forma falsa de servicio. Una persona servil realiza las acciones externas de un verdadero siervo, pero con la actitud equivocada. Si nuestras naturalezas caídas pierden la batalla de preservar un estilo de vida abiertamente egoísta, ellas probablemente recurrirán a la táctica de promover el servilismo cristiano. El servilismo tiene muchos lados que necesitamos reconocer si queremos cultivar vidas de servicio auténtico.

Mínimo Indispensable Versus Lo Que Sea Necesario

Muchos de nosotros nos hemos desarrollado más allá de un egoísmo descarado al punto donde aceptamos el hecho de que tenemos responsabilidades hacia los demás. Sin embargo, el egoísmo continúa siendo la base de mucho de nuestro "servicio" hacia los demás. Por ejemplo, está el síndrome del "mínimo indispensable". Dentro de la esfera de nuestras responsabilidades aceptadas, hacemos lo menos posible justo para cumplir. Fuera de esas responsabilidades, no tenemos problemas para decir "¡no me incomodes!"

Mis hijas en edad de escuela primaria a regañadientes aceptan su responsabilidad de limpiar sus habitaciones, pero ellas están a menudo enojadas si les pido que me ayuden a limpiar cualquier otra habitación. "¡Ese no es mi desorden!" dicen ellas, aparentemente ajenas al hecho de que no es mi desorden tampoco. La idea de ser voluntario para hacer un trabajo que está fuera de sus tareas asignadas, parece como locura para ellas. Yo sigo esperando el día cuando ellas ofrezcan hacer cualquier cosa para mantener la casa ordenada; pero no me hago mucha ilusión. Ser padres es un trabajo lento, en gran parte porque los niños son egoístas innatos.

¿Qué ocurre cuando le pedimos a la gente en el trabajo que ayude en una tarea que está fuera de la descripción de su trabajo? A muchos gerentes les encantaría tener colegas que consistentemente demostraran una actitud de puedo hacerlo. Aunque, más a menudo los colegas los reciben con una indignante declaración: "¡Ese no es mi trabajo!" las descripciones de los trabajos son importantes, y a veces necesitamos decir "no" a los demás para cumplir nuestras tareas designadas. Pero el síndrome del "mínimo indispensable" generalmente dice: Haz tu trabajo designado, no seas voluntario, y no aceptes pedidos de ayuda.

Los siervos cristianos, si son honestos, de manera regular luchan con esta mentalidad. Dios a menudo me convence de mi pereza. En vez de "hacer mi trabajo de corazón como para el Señor y no para los hombres" (Colosenses 3:23), yo en forma natural tiendo a ir a un tercio de la velocidad que debo a menos que otras personas vayan conmigo. Para mí, es un constante desafío ir más allá de mis responsabilidades regulares programadas para buscar formas adicionales en que puedo servir. Dios me provee de estas oportunidades todo el tiempo, pero yo generalmente las veo como obstáculos para mi trabajo asignado o mi 'querido' tiempo libre. Hago esto, aunque los años de experiencia me han enseñado que servir más allá de "lo que corresponde a mi trabajo" es clave para disfrutar de mi trabajo y ver a Dios obrar a través de mí de maneras sorprendentes.

Mientras escribía este capítulo, fui interrumpido por una solicitud de visitar a un familiar en su lecho de muerte y hablar con ella de Cristo. Tengo que admitir con vergüenza cuán profundamente contrariado me sentí con esta solicitud. "Estoy atrasado en mi trabajo de este libro (¡sobre amor cristiano!). Este no es un ministerio para el cual yo tengo dones. Estoy cansado con el trabajo. No me pude relajar durante las vacaciones". Mientras pensaba por un momento, una sonrisa apareció en mi rostro. ¡Ciertamente, Dios tiene sentido del humor! Él estaba "poniéndome en evidencia" nuevamente, desafiándome a someter mis propios deseos a sus deseos para bendecir a alguien que él ama. Al mismo tiempo, me sentí horrible por mi egoísmo, asombrado por la gracia de Dios, y (más lentamente) emocionado por la posibilidad de mostrar el amor de Dios a una persona necesitada. Cuando escogí cambiar mi postura de "dueño" por la de mayordomo de Dios, entré en una situación que personalmente no era más dolorosa o incómoda. Una vez más fui sorprendido por el poder de Dios y el gozo que paradójicamente resulta del servicio sacrificial.

Con Condiciones Versus Libremente

Muchos de nosotros aprendemos que es necesario dar a los demás para prosperar en la vida, pero generalmente damos con condiciones. A menudo vemos el servir a los demás como invertir dinero en una institución de préstamos: Eventualmente lo queremos de vuelta, y con intereses. El mundo está lleno de ejemplos de este tipo de seudo-dádiva. Los políticos con frecuencia hacen favores a otros, y luego, piden esos favores de vuelta cuando lo necesitan. Muchas parejas casadas experimentan conflicto porque ellos dan con condiciones. Cuando los esposos llevan un registro mental de su servicio hacia el otro, y están dispuestos a recordar ese registro cuando ellos no obtienen lo que desean, el llevar la cuenta reemplaza la dinámica básica del dar libremente, y surgen los problemas. La tentación a dar con condiciones está siempre presente en el ministerio cristiano también. Jesús nos advierte acerca de servir para ser vistos por los demás porque él sabía cuán fácilmente esta motivación puede corromper nuestro trabajo para Dios (Mateo 6:1-18).

¿Cuál es la evidencia de que estamos dando con condiciones? Algunas personas se enojan cuando otros se niegan a sus peticiones. "¡Esta bien! ¡Después de todo lo que he hecho por ti últimamente! ¡Veremos si te ayudo de nuevo!" Consciente o inconscientemente, ellos sienten que los demás están en deuda con ellos por su servicio, así que se llenan de ira al ser estafados. Otros pierden la motivación de continuar sirviendo porque no tienen la respuesta que ellos esperaban. Dios probará nuestras motivaciones para el servicio cristiano en este punto. No importa cuán sinceros pensemos que somos, el ministerio invariablemente permitirá que se asomen las motivaciones de "dar para obtener". No obtenemos el reconocimiento que sentimos que merecemos. Otras personas no han respondido a nuestra contribución de la manera que ellos tendrían que haber respondido. Dios no nos permitió llevar el fruto que habíamos esperado para este tiempo. Así que podemos concluir que simplemente no vale la pena servir a los demás en el nombre de Cristo.

¡Cuán radicalmente diferente es la forma de Dios! "Si prestan a aquellos de quienes esperan recibir, ¿qué mérito tienen? También los pecadores prestan a los pecadores para recibir de ellos la misma cantidad. Antes bien... hagan bien, y presten no esperando nada a cambio, y su recompensa será grande, ... Den, y les será dado; medida buena, apretada, remecida y rebosante" (Lucas 6:34-38 NBLA). Jesús nos llama a dar sin condiciones a los demás, confiando que Dios nos provee mayores bendiciones de las que podríamos recibir por el mero pago de vuelta. De maneras asombrosas y en su tiempo, Dios promete bendecirnos, al entregarnos a los demás por Jesús. Quizás no dictemos los términos o el tiempo, eso Dios lo decide. Nuestra parte es confiar en su promesa dando libremente.

Orgullo Versus Humildad

Algunos cristianos sirven, pero ellos lo hacen con una actitud de "prima donna". Los cristianos fuertemente dotados de dones son especialmente vulnerables a esta mentalidad. Como los atletas cuyos talentos se les han subido a las cabezas, tienen una forma de comunicar

"Soy una estrella del equipo de Dios, y debes sentirte privilegiado de que yo juegue para ti." Ellos actúan como si lo tuvieran todo, y no necesitan ayuda de ningún cristiano.

La mayoría de nosotros no podemos identificarnos con esta mentalidad. Estamos tan fuertemente conscientes de nuestras debilidades y limitaciones que ¡nos gustaría tener el problema de la "prima donna" por un rato! Nos descalificamos a nosotros mismos de las oportunidades de ministrar para Cristo porque no podemos hacer lo que el fuertemente dotado con dones puede hacer. Por cierto, muchos cristianos deciden que están tan limitados que no importa si ellos sirven a los demás o no. Algunos hasta enseñan que esta es una actitud espiritual.

¿Te das cuenta de que esta actitud es tan orgullosa como la de la "prima donna"? La persona prima donna es orgullosa porque se considera indispensable aun cuando la Palabra de Dios dice que es solo un miembro del cuerpo de Cristo. Sin embargo, si vivimos la creencia de que somos miembros insignificantes del cuerpo de Cristo, ¿no nos pone esto también por sobre lo que Dios dice? La misma Biblia que reprende a una prima donna ["Nadie tenga un concepto de sí más alto que el que debe tener... No sean arrogantes, sino háganse solidarios con los humildes. No se crean los únicos que saben" (Romanos 12:3,16 NVI)] también reprende a aquellos que creen que no tienen nada para dar ["Si el pie dijera: «Como no soy mano, no soy del cuerpo», no por eso dejaría de ser parte del cuerpo. Y, si la oreja dijera: «Como no soy ojo, no soy del cuerpo», no por eso dejaría de ser parte del cuerpo" (1Corintios 12:15-16 NVI)]. La humildad requiere tanto que permitamos a Dios ayudarnos a través de otros, como que asumamos nuestra responsabilidad para hacer lo que Dios quiere que hagamos.

Tener que Versus Ponerse a Servir

A veces vemos el servicio como algo que tenemos que hacer. Entendemos la responsabilidad y que se debe hacer lo correcto, pero actuamos como reclutas más que como voluntarios. Solo pensamos en el deber. Nuestra mentalidad subyacente es "aun cuando esto será personalmente perjudicial para mí, tengo que hacerlo". Cuando tenemos esta mentalidad, generalmente acompañamos nuestro servicio con quejas de cuán difícil son nuestras vidas. Esta actitud puede provocar pena, pero ¡rara vez inspira a otros a servir!

La Biblia a veces habla de deber. Pablo habla de su comisión como apóstol de esta manera en 1Corintios 9:16-17 NVI: "cuando predico el evangelio, no tengo de qué enorgullecerme, ya que estoy bajo la obligación de hacerlo. ¡Ay de mí si no predico el evangelio! En efecto, si lo hiciera por mi propia voluntad, tendría recompensa; pero, si lo hago por obligación, no hago más que cumplir la tarea que se me ha encomendado". A veces, Pablo servía bajo órdenes. Él sabía lo que significaba continuar llevando el mensaje de Cristo a los necesitados aun cuando él pudiera pensar en otras cosas más atractivas que hacer. Lo mismo es para nosotros si decidimos adoptar un estilo de vida de siervo. Dios nos ha comisionado a servirlo a él con cierta capacidad, y somos responsables de cumplir nuestro rol aun cuando las cosas se ponen difíciles. Pero la actitud de Pablo no era servil por una razón importante: él estaba firmemente convencido de que Dios era siempre bueno con él. El cristiano servil cree que no solo el servicio es algo penoso sino también cree que no es fundamentalmente bueno para él. Está desgastándolo lentamente, pero tiene que hacerlo. Es su carga en la vida. Pablo decididamente rechazaba esta perspectiva. Él sabía que Dios hacía que todas las cosas ayudarían para bien a aquellos que le aman (Romanos 8:28), que él proveería los recursos necesarios para servir (Colosenses 1:29), y que un día él recompensará ricamente a sus siervos (2Timoteo 4:8). Por el contrario, los cristianos serviles desconfían de la bondad de Dios. Ellos tienen la sospecha de que él los estafa. Ellos son como el hermano mayor del hijo pródigo; sirviendo fielmente, pero sospechando secretamente de que su padre no se preocupa por ellos. Por eso, un aire de resignación rodea su servicio. Ellos están sirviendo a un maestro que no los ama que es producto de su propia imaginación.

Conocer y confirmar la bondad de Dios transforma el servicio de "tener que" en algo real. Cuando recordamos que Dios nos rescató de la condenación, y cuando meditamos en la evidencia del amor de Dios por nosotros, el Espíritu Santo llena nuestros corazones con un deseo de agradecer a Dios por servir a los demás. Esta comprensión fortalecía la vida de Pablo y era el secreto de su increíble perseverancia. Él veía su servicio apostólico como un privilegio a la par del privilegio del perdón de Dios. "De este evangelio llegué a ser servidor. Este fue el regalo que Dios me dio por su gracia, conforme a su poder eficaz. Aunque soy el más insignificante de todos los santos, recibí esta gracia de predicar a las naciones las incalculables riquezas de Cristo..." (Efesios 3:7-8 NVI). Los sacrificios del ministerio a veces eran pesados para Pablo, pero nunca oscurecieron su conocimiento de cuán privilegiado era al servir a Dios que amaba a alguien como él.

Ser Aceptado por los Demás Versus Porque He sido Aceptado por Dios

Muchos cristianos sirven a los demás principalmente para ser amados y aceptados por ellos. Ellos necesitan la aceptación y aprobación de los demás porque ellos no operan desde la fe en la aceptación de Dios. Cuando esta es la raíz de nuestra motivación, el ministerio cristiano es una empresa extremadamente peligrosa. Algunas personas recompensan nuestra contribución con ira y rechazo. Otros nos ignoran aun cuando nosotros queremos agradarles. Si estamos en esto de ser aceptados, buscamos más obtener que dar, y esto distorsionará nuestro juicio sobre cómo tratar con la gente. Quizás nos contenemos de reprobar a alguien aun cuando lo necesite, porque tememos que nos rechace. Quizás nos enojemos cuando la gente no aprecie todo lo que hemos hecho por ellos. Quizás sintamos celos de otros obreros cristianos porque ellos reciben el respeto que nosotros desesperadamente anhelamos. Quizás evitemos la vulnerabilidad personal que es necesaria para el discipulado efectivo porque nos preocupa que la gente vaya a pensar menos de nosotros. Quizás nos volvamos manipuladores para atraer la atención y la afirmación de los cristianos más nuevos que deberíamos estar animando. De una manera pervertida y paradójica, podemos comenzar a alimentarnos de la misma gente que nosotros deberíamos alimentar.

Hace poco, yo estaba aconsejando a un obrero que manifestaba estos síntomas. Cuando le pregunté por qué él trabajaba en el ministerio, me contestó: "para obtener significado e identidad". Mientras continuó diciendo algo, yo lo interrumpí y le pregunté si le había escuchado correctamente. "Si", dijo él, "¿acaso no lo hacen todos?" Le contesté que Dios, de hecho, nos anima y nos confirma a través del ministerio, pero este apoyo no necesariamente viene de la gente que estamos sirviendo. Es más bien la alegría de que Dios nos ha usado para bendecir a otra persona, y una profunda sensación de que él es fiel y bueno. Sin embargo, si dependemos de la gente que servimos para obtener significado e identidad, entonces, nos hemos vuelto idólatras; buscando en otros lo que solo Dios puede darnos. Eventualmente, servir para ser aceptados nos polariza, ya sea que aprendemos a obtener nuestra aceptación de Dios de una manera más profunda, o manipularemos a los más débiles para hacernos sentir aceptados, o abandonaremos el ministerio.

Es insoportable ver este tipo de egoísmo en nuestros corazones. Muchos reaccionan a este descubrimiento retirándose del servicio cristiano hasta que ellos logran tener motivaciones perfectas. Sin embargo, como la alternativa para servir es el egoísmo, esta medicina es peor que la enfermedad. Aunque talvez necesitemos salirnos de los roles del ministerio que facilitan para nosotros el dar para obtener, la manera de Dios es que continuemos tratando de ayudar a los demás mientras cooperamos en su obra para purificar nuestros corazones. Busca formas anónimas de servir. Servir a aquellos cuya aceptación tú no deseas. Si estás dispuesto a reconocer la actitud de "dar para obtener" cuando Dios la muestre, y luego dar los pasos en la dirección que de seguro él te mostrará, gradualmente experimentarás lo que significa servir desde la seguridad de la aceptación de Dios.

No sé acerca de ti, pero yo lucho con muchas de estas actitudes periódicamente. Por un lado, mi naturaleza caída está constante y creativamente corrompiendo mi servicio con egoísmo y servilismo. Por otro lado, el Espíritu Santo está continuamente mostrándome estas falsificaciones y llamándome a cooperar con él como un auténtico siervo. Vivo en tensión entre estas dos influencias; esta es la experiencia cristiana normal. "La naturaleza pecaminosa desea hacer el mal, que es precisamente lo contrario de lo que quiere el Espíritu. Y el Espíritu nos da deseos que se oponen a lo que desea la naturaleza pecaminosa. Estas dos fuerzas luchan constantemente entre sí, entonces ustedes no son libres para llevar a cabo sus buenas intenciones" (Gálatas 5:17 NTV). A veces, acato el deseo del Espíritu, y a veces, no. La madurez espiritual no es llegar al punto donde tú no experimentas más esta tensión. Más bien, la madurez es ser más sensible y escoger más consistentemente confiar en el liderazgo y en el poder del Espíritu de Dios; saliendo adelante en medio del miedo, la aversión, y la deficiencia al servir.

Aceptar las Limitaciones Legítimas

Aun cuando sirven con motivos substancialmente puros, los cristianos pueden meterse en problemas. El ministerio cristiano es un estilo de vida extremadamente agotador y de por vida. Dios nos diseñó como seres finitos y dependientes. A menos que reconozcamos humildemente este hecho y abracemos el sistema de ayuda de Dios para nuestras vidas, fácilmente nos volvemos siervos malos que sufren crisis y se queman, en vez de finalizar la carrera.

Independiente Versus Interdependiente

Algunos cristianos no reconocen suficientemente su necesidad de los demás. Generalmente, su perspectiva está de hecho centrada en los demás, que es consecuente con cumplir con sus responsabilidades, además rara vez se quejan. A menudo, ellos son los cristianos más maduros del grupo y funcionan como los "padres" espirituales para muchos cristianos nuevos. En este contexto, es fácil volverse independiente en un sentido no bíblico. No importa cuán maduros espiritualmente seamos, nunca dejamos atrás nuestra necesidad de ayuda y consejo continuo de nuestros colegas. La oración es necesaria, pero no hay cantidad de oración personal que pueda sustituir este tipo de comunión. Precisamente porque estamos jugando roles tan cruciales en la obra, necesitamos mantener nuestra salud espiritual. Es admirable cuando un soldado ignora una herida en el momento que la batalla arrecia. Sin embargo, es estúpido desangrarse lentamente hasta la muerte porque se rehúsa a "molestar" a los médicos.

La mejor forma de evitar este desequilibrio es programar tiempos regulares con los colegas para edificación mutua. Aprovecha toda la comunión espontánea que puedas, pero a menos que programes tiempos regulares como este, probablemente estarás malnutrido. Me doy cuenta que necesito varios tiempos así a la semana. No pienses en tu probable tendencia a sentirte como que estás poniendo carga en los otros obreros, y pide ese tiempo. Luego, usa ese tiempo para compartir tus cargas, pidiendo consejo, riendo juntos, animándose unos a otros, y orando los unos por los otros. Estos tiempos se convierten en estaciones de aprovisionamiento estratégicamente puestos a través de la semana.

Trabajólicos Versus Paso de Largo Alcance

Algunos cristianos demuestran un compromiso admirable para ministrar, pero ellos rara vez toman tiempo para descansar o hacer ejercicio o recrearse. Ellos son cristianos trabajólicos. No es que solo sean temperamentalmente más activos que otros; ellos se sienten culpables a menos que estén trabajando. A menos que vean una conexión directa entre lo que están haciendo y el trabajo cristiano, ellos sienten que están perdiendo el tiempo. A menudo critican a aquellos que participan en juegos, pero ellos tienden a quemarse, sus cuerpos desarrollan desórdenes de estrés, y sus matrimonios fracasan.

Nuestra cultura, con razón, critica esta forma de vida, pero por el motivo equivocado. "Tu problema es que te preocupas mucho por los demás. No te amas lo suficiente." Esta es la forma equivocada de resolver el problema. Dios dice que nunca el problema es que no nos amamos lo suficiente a nosotros mismos. Aunque normalmente estamos equivocados acerca de cómo hacerlo, siempre estamos firmemente comprometidos para buscar nuestro propio bienestar. Por eso él nos manda "ama a tu prójimo como a ti mismo".

La relajación, el ejercicio, el descanso y la recreación no son derechos que se nos conceden. Son responsabilidades para que podamos hacer nuestro servicio a Dios durante mucho tiempo. Mientras debemos estar dispuestos a sacrificar estas cosas cuando Dios lo pida, todavía debemos programarlas en nuestras vidas. Son parte de la provisión de Dios que nos capacita para estar en forma y saludable para él. ¡Quizás necesitemos cultivar la habilidad de disfrutar la relajación y jugar como parte de nuestro compromiso con Cristo! Cambiar las situaciones de la vida requiere que periódicamente reevaluemos y ajustemos nuestros programas para reflejar este equilibrio.

Mesías Versus Un Miembro

Todavía otros tienen un verdadero problema para decir "no" a las necesidades que surgen. Ellos sienten que a menos que ellos hagan el servicio, no estará tan bien hecho como se podría. Debido a su abundante experiencia y madurez, generalmente pueden hacerlo mejor que la mayoría de la gente alrededor de ellos. Más aún, a menudo es algo muy gratificante saber que otros los ven como indispensables.

Los pastores que trabajan en iglesias que tienen expectativas de clérigo-laico son generalmente en especial vulnerables a este desequilibrio. La mayoría de los miembros en este escenario esperan que sus pastores hagan virtualmente todo el trabajo "espiritual". Esta iglesia funciona ¡como un estadio de fútbol en el que veintidós personas necesitan desesperadamente un descanso, mientras que veintidós mil necesitan desesperadamente actividad!

La percepción bíblica clave que habla de este problema es la afirmación de Pablo en 1Corintios 12:14 "...el cuerpo no consta de un solo miembro, sino de muchos." Dios nos equipó a cada uno de nosotros para jugar un papel clave en la iglesia, pero no podemos jugar el papel de todos. Yo puedo hacer mi parte, pero también debo llamar a otros a hacer sus partes, y hasta incluso permitir que el trabajo quede sin hacer si los otros se rehúsan a hacerlo. De otra manera, estoy jugando el papel del mesías, y Dios dejará que yo aprenda la lección de la manera dura, ¡que yo no soy todo el cuerpo!

Conclusión

"Ustedes fueron llamados a la libertad, hermanos; solamente que no usen la libertad como pretexto para la carnalidad. Más bien, sírvanse los unos a los otros por medio del amor" (Gálatas 5:13 RVA-2015). Esta es la elección que está delante de nosotros. ¿Usaremos nuestra libertad en Cristo para seguir la interminable e inútil búsqueda de nuestra cultura de gratificación egoísta? O ¿la usaremos para cultivar un estilo de vida de servicio de amor? Junto con recibir a Cristo, no hay otra decisión que tenga consecuencias de más largo alcance para nosotros y para aquellos que influenciamos

Preguntas de Debate

1. ¿Con cuáles alternativas del servicio luchas mayormente? ¿Qué ha sido útil para ti en tiempos de combate?
2. ¿Cuál es la diferencia entre la autoestima bíblica y la autoestima de acuerdo a nuestra cultura? ¿Qué papel juega el servicio de amor en estas dos formas de ver la autoestima?
3. Comparte ejemplos de cuando has experimentado la promesa de Cristo de que el servicio de amor da como resultado la realización personal. Comparte ejemplos actuales en los que necesites creer esta promesa.

4 - Anímense Unos a Otros

...anímense los unos a los otros y edifíquense los unos a los otros...
(1Tesalonisenses 5:11 RVA-2015).

Cuando aprendemos a amar los unos a los otros, el dar ánimo es una buena forma para comenzar. De todos los imperativos de "unos a otros" que explican cómo amarnos los unos a los otros, las cartas del Nuevo Testamento usan y proponen apoyarse mutuamente muy a menudo.[7] Esto nos da alguna idea de su importancia en las mentes de sus autores. Fueron intentos para formar comunidades cristianas ricas en estímulo recíproco.

La palabra principal del Nuevo Testamento para animar es *parakaleo*. *Parakaleo* significa literalmente "convocar al costado". Los autores griegos extra bíblicos a veces la usaban para describir las situaciones militares en las que los soldados eran fortalecidos para continuar luchando en la batalla.[8] El verdadero cristianismo es una vida de batalla contra las fuerzas espirituales de maldad, contra nuestra naturaleza caída, y contra un mundo espiritualmente hostil y seductor. En este ambiente, incluso los cristianos maduros a veces están a punto de perder la esperanza, dan lugar a sus miedos, o recaen en un derrotado letargo. Para esos cristianos sufrientes, el aliento bíblico comunica la verdad y el amor de Dios de maneras que los fortalecen para seguir en la voluntad de Dios para sus vidas. Es, por lo tanto, una influencia espiritual poderosa en la vida cristiana.

Dios mismo es el preeminente Motivador. Pablo llama a Dios el Padre, el "Dios de *toda* consolación" (2Corintios 1:3). Jesús llama al Espíritu

---

[7] Paraklesis (el sustantivo) se usa veintitrés veces en las epístolas del Nuevo Testamento. Parakaleo (el verbo) se usa cincuenta y cuatro veces.

[8] Ver, por ejemplo, Xenophon Anab. 3.1.32: "they called in the general" [convocaron al general]. Citado en Colin Brown, ed., Dictionary of New Testament Theology, vol. 1 (Grand Rapids: Zondervan Publishing House 1981) p. 569.

Santo "otro Intercesor/ Defensor/ Consolador", implicando de este modo que, él también era un defensor/ exhortador en la vida de sus discípulos (Juan 14:16). Si Dios no fuera un motivador, ninguno de nosotros podría servirle a él en un mundo tan desalentador. Sin embargo, como él es el "Dios de toda consolación", tenemos más que los recursos apropiados para seguir viviendo para él. Este secreto hizo posible que los cristianos primitivos perseverasen con gozo a pesar de toda la adversidad que ellos enfrentaron, "andando en el temor del Señor y en la fortaleza del Espíritu Santo" (Hechos 9:31). Ellos creían que Dios es el Dios de consolación y ellos sabían cómo recibir su aliento. Cuando recibimos el estímulo de Dios y respondemos adecuadamente, él fortalece nuestros espíritus para que con vigor renovado juguemos nuestro papel en esta batalla.

Por lo tanto, Dios es la fuente máxima de consuelo espiritual para todos los cristianos, aun cuando este apoyo nos llegue a través de los unos a los otros. Pablo se refiere a este hecho en 2Corintios 7:5-6. Él dice: "aun cuando llegamos a Macedonia, nuestro cuerpo no tuvo ningún reposo, sino que nos vimos atribulados por todos lados: por fuera, conflictos; por dentro, temores. Pero Dios, que consuela a los deprimidos, nos consoló *con la llegada de Tito.*" Aunque Dios puede y nos consuela directamente, él, a menudo, escoge comunicar su ánimo a través de otros cristianos. Esto es lo que hace de la consolación cristiana algo sobrenatural. Al expresar amor los unos a los otros de esta manera, somos instrumentos de la consolación de Dios.

Las Muchas Facetas de la Consolación

Nuestras vidas son complejas. Tenemos una variedad de temores y enfrentamos una variedad de situaciones difíciles. Porque Dios está consciente de este hecho, él revela diferentes "facetas" de consolación a través de su palabra.

Afirmar el Potencial de los Otros

La consolación puede involucrar el *afirmar el potencial de otro cristiano.* Todos nosotros luchamos hasta cierto punto con pensamientos y sensación de inutilidad. Algunos luchan de manera regular con pensamientos de que son "perdedores". Aún las personas más seguras luchan con esos pensamientos debilitantes cuando experimentan fracaso en áreas importantes. Dios sabe que nunca superamos la necesidad de este tipo de apoyo. Por eso él incluye tanta afirmación de nuestro valor y potencial en su Palabra. Y por eso él nos envía hacia otros cristianos para expresarles esta afirmación.

Juan 1:42 registra el encuentro inicial de Pedro con Jesús. "Jesús mirándolo, dijo: Tú eres Simón, hijo de Juan; tú serás llamado Cefas (que quiere decir: Pedro)". El nombre original de Pedro era Simón, que estaba asociado con la idea de "indeciso". ¡Qué nombre tan exacto para Pedro! A través de los evangelios, Pedro es la imagen de la inestabilidad. Un minuto él expresa asombroso compromiso hacia Dios y percepción de las cosas espirituales; y al minuto siguiente está perdido sin darle en el clavo (ver Mateo 16:15-23; Juan 13:6-10; Marcos 14:27-72). Jesús claramente vio esto en el carácter de Pedro desde el comienzo, pero también vio el potencial de Pedro: que él estaba sometido a Dios, motivado por el amor de Cristo, y lleno de poder por el Espíritu de Dios. Esto es lo que comunicó a Pedro cuando le dijo: "tú *serás* llamado Cefas". Cefas significa "piedra". El Indeciso sería conocido como la Piedra mientras seguía a Jesús. ¡Con razón Pedro consagró su vida a Jesús! Esta motivación cambió el curso de la vida de Pedro.

Dios me ha animado de la misma manera a través de otros cristianos. Como cristiano nuevo, yo no tenía idea de mi valor y potencial para Dios. En consecuencia, tenía poca motivación para crecer espiritualmente y luchaba por encontrarle sentido a lo que significaba caminar con Cristo. Dios envió dos cristianos mayores para hablarme, quienes me dijeron que Dios me había dado dones para comunicar su Palabra a otros. Ellos vieron el potencial dado por Dios que yo no podía ver por mí mismo, y me comunicaron una visión para mi vida en un momento crítico. Estoy seguro que se olvidaron de sus conversaciones conmigo, pero por los últimos veinte años, he recordado sus palabras como si fuera ayer. Su ánimo me motivó para comenzar a buscar seriamente la voluntad de Dios para mi vida. Desde entonces, he buscado las oportunidades para comunicar este tipo de estímulo a otros cristianos jóvenes. Salomón dice: "El hombre se alegra con la respuesta adecuada, y una palabra a tiempo, ¡cuán agradable es!" (Proverbios 15:23). Puede ser tan satisfactorio ser el enviado de tal consolación como ser el receptor. ¿Quiénes son los cristianos que Dios quiere que tú animes de esta manera?

Reconocer Los Logros Espirituales

También podemos comunicar la consolación de Dios *reconociendo los logros espirituales significativos*. Los padres fortalecen a sus hijos pequeños, elogiando sus esfuerzos, para que sigan intentando hasta que aprendan a caminar. Un reciente estudio revela que el motivador número uno de los empleados [quitando los aumentos de sueldos y las condiciones de trabajo], es el reconocimiento del trabajo bien hecho por sus supervisores. Este deseo de escuchar a alguien decir "¡bien hecho!" está infundido por Dios, y Cristo cumplirá esto principalmente en la próxima vida cuando nos recompense por nuestro servicio a él en esta vida (Mateo 25:21, 23; 1Corintios 4:5). Por supuesto, podemos corromper este deseo y empezar a vivir por el elogio de las personas. Por lo tanto, los cristianos necesitan aprender cómo perseverar sin ese reconocimiento humano, confiando en que Dios les consolará de otras maneras.

Cuando recibimos el reconocimiento por logros piadosos y respondemos con gratitud humilde hacia Dios, esto puede ser un incentivo poderoso y bíblico para seguir viviendo para él. El estímulo a través del reconocimiento es, por lo tanto, una expresión importante de amor que todos los cristianos deben poder comunicar de manera efectiva.

Pablo era un maestro en este tipo de consolación; era una característica clave de su liderazgo dinámico. En 1Tesalonisenses 1:2-8 (NBLA), él señaló a esta inexperta iglesia en dificultades las muchas formas en que ellos estaban viviendo para Dios. Él llamó su atención hacia "su obra de fe, su trabajo de amor y la firmeza de su esperanza en nuestro Señor".

Él los elogió por sus esfuerzos evangelísticos, a través de los cuales ellos se habían convertido en "un ejemplo para todos los creyentes en Macedonia y en Acaya. Porque saliendo de ustedes, la palabra del Señor se ha escuchado". Él les recordó "cómo ustedes se convirtieron de los ídolos a Dios para servir al Dios vivo y verdadero". Pablo conocía la importancia de este tipo de retroalimentación, y donde fuera oportuno, él la proporcionaba en porciones generosas.

Los cristianos nuevos prosperan con este reconocimiento a medida que ellos aprenden cómo caminar con Cristo. A menudo están tan conscientes de su ignorancia bíblica, de su torpeza con la oración, de cuánto ellos deben crecer espiritualmente que ellos no ven el progreso significativo que están haciendo. Tienden a compararse con cristianos más antiguos en estas áreas y concluyen que son irremediablemente deficientes. Mientras tanto, los cristianos más antiguos a menudo se animan cuando los escuchan a ellos orar, compartir en un grupo, aprender de su disposición para compartir de Cristo con sus amigos, o al ver su entusiasmo para aprender de la Palabra de Dios. Tómate el tiempo para describir su progreso y comunicarles cuánto te edifica esto a ti. Te sorprenderás el impacto que a menudo tiene esto.

También podemos edificar a los cristianos más antiguos, reconociendo sus logros espirituales. Como vimos antes, Tito consoló a Pablo con su informe acerca de que los cristianos en Corinto lo amaban y apreciaban: "... pero Dios, que consuela a los humildes, nos consoló con la venida de Tito. Y no solo con su venida sino también con la consolación que él recibió en cuanto a ustedes, haciéndonos saber el anhelo de ustedes, sus lágrimas y su celo por mí, para que así me gozara más" (2Corintios 7:6-7 RVA-2015). Pablo esperaba visitar a los cristianos en Roma "para ser animado juntamente con ustedes por la fe que nos es común a ustedes y a mí" (Romanos 1:12 RVA-2015). A veces Dios probará tu compromiso hacia él, pidiéndote seguirle y servirle sin ese estímulo; pero en otros momentos también él te comunicará su compromiso contigo a través de la gratitud de otros cristianos por tu ministerio. A menudo Dios me mueve para consolar a otros cristianos más antiguos de esta manera. A menudo yo desestimo esas incitaciones, pensando "ella ya sabe eso. No quiero que se le suban los humos a la cabeza". Sin embargo, cuando yo obedezco a esos suaves empujones (de parte de Dios), frecuentemente me sorprendo al descubrir que eso era exactamente lo que esa persona necesitaba en ese momento. ¡Es tan emocionante estar en el lado del dar en este ministerio como lo es estar en el lado receptor!

Comunicar la Fidelidad de Dios

Tú también puedes *comunicar la fidelidad de Dios a los cristianos que están heridos o temerosos*. Vivimos en un mundo horriblemente anormal, y Dios no nos ahorra el dolor de vivir en un mundo así. Los seres queridos mueren. Los amigos cristianos se apartan de seguir a Cristo. Dios revela nuevas profundidades de nuestra propia pecaminosidad. Desilusión y fracaso arruinan nuestros esfuerzos para servir a Cristo. Angustiosos conflictos siguen sin resolverse. Quizás no puedas explicar por qué esas cosas pasan o sientes su sufrimiento tan profundo como ellos, pero tú puedes con delicadeza dirigirlos hacia el Dios que es perfecto en su entendimiento e infinito en su compasión.

Pablo les recordó a los cristianos de Tesalónica que habían perdido algunos de sus amigos debido a la muerte, y que la muerte no era la última palabra para aquellos que habían recibido a Cristo. Después de declararles que los muertos en Cristo serán levantados a su regreso, Pablo dijo: "Por tanto, aliéntense los unos a los otros con estas palabras" (1Tesalonisenses 4:18 RVA-2015). En la misma carta, él los instó a "alentar al débil". Al decir "débil" se refiere a aquellos de alma pequeña. Cuando recordamos con suavidad a aquellos que por un duro golpe han quedado bloqueados, las promesas en la palabra de Dios relacionadas con las situaciones que les conciernen, Dios a menudo usa esas palabras para reavivarlos.

Desafiar en el "Momento de la Verdad"

También podemos desafiar a otros cristianos a seguir a Cristo a pesar de su dolor y sus temores. Los atletas conocen la importancia de este tipo de aliento. Cuando todo dentro de ellos desea rendirse, los desafíos de sus entrenadores son a menudo el margen entre ganar y perder. Este es el ingrediente principal de la "ventaja de ser local". Los corredores de la maratón que "llegan al límite" a menudo obtienen una sobrecarga de energía después que ven a un ser querido haciéndoles barra. La resistencia y la perseverancia son necesarias para aquellos que quieren ganar, y este tipo de consolación nos recuerda seguir aguantando.

Los cristianos aprehensivos y que sufren, necesitan más que consolación y recordatorios de la fidelidad de Dios; ellos también necesitan ser desafiados a seguir a pesar de su dolor y de sus miedos. Pablo consoló a los cristianos en Filipos diciéndoles: "Porque se les ha concedido a ustedes, a causa de Cristo, no solamente el privilegio de creer en él sino también el de sufrir por su causa" (Filipenses 1:29 RVA-2015). A veces yo busco lástima, pero quizás necesito alguien que me advierta que mi infidelidad bloqueará el poder sanador de Dios, y que me desafíe a dejar de sentir pena por mí mismo y vuelva a la carrera. En una cultura blanda que ha perdido cualquier idea de sufrimiento por una causa mayor que nosotros mismos, a menudo necesitamos recordatorios de que es nuestra responsabilidad y privilegio sufrir por la causa de Cristo.

Los receptores de la carta de Hebreos habían sido horriblemente perseguidos por su compromiso con Cristo, y la posibilidad de una persecución similar se acercaba nuevamente en el horizonte. Después de recordarles la fidelidad de Cristo para perdonar sus pecados y ayudarlos a superar la tentación, el autor los insta a "... corramos con perseverancia la carrera que tenemos delante de nosotros... todavía no han resistido hasta la sangre... fortalezcan las manos debilitadas y las rodillas paralizadas; y enderecen para sus pies los caminos torcidos, para que el cojo no sea desviado sino, más bien, sanado" (Hebreos 12: 1,4,12-13 RVA-2015). Muchos en nuestra cultura verían esta consolación como insensible, pero era exactamente lo que ellos necesitaban. Es exactamente lo que a menudo nosotros necesitamos también.

Convertirse en un Motivador Efectivo

Hay un don espiritual de consolación/exhortación que algunos cristianos poseen mientras que otros no (Romanos 12:8). Estos cristianos parecen tener un sentido intuitivo para saber a quién quiere Dios que ellos animen y cómo expresar esa consolación. Sin embargo, muchos pasajes instan a *todos* los cristianos a darse ánimo los unos a los otros. Esto significa que, aunque no tengamos este don, la consolación es una expresión del amor cristiano en la cual todos nosotros podemos y debemos llegar a ser efectivos. Aquí hay algunas pautas para ayudarnos a progresar en ese objetivo.

Recibir la Consolación de Dios

Si quieres ser un motivador efectivo, necesitarás *saber cómo recibir el estímulo de Dios en tu propia vida*. Pablo indica que al recibir la consolación de Dios nos capacita para apoyar a otros. En 2Corintios 1:4 RVA-2015, él dice: "De esta manera, con la consolación con que nosotros mismos somos consolados por Dios, también nosotros podemos consolar a los que están en cualquier tribulación". Hay ciertas cosas que podemos hacer para recibir la consolación de Dios. En forma regular deberíamos pedirle que nos consuele. Privadamente deberíamos estudiar y meditar en su Palabra, buscando las promesas y otros pasajes que nos fortalecen y nos motivan. Deberíamos, en forma regular, reunirnos con otros cristianos para orar y estudiar la Palabra de Dios. El autor de Hebreos distingue esta actividad como un ambiente únicamente rico para el estímulo espiritual diciendo: "... No dejemos de congregarnos, como algunos tienen por costumbre; más bien, exhortémonos..." (Hebreos 10:24-25 RVA-2015). A través de los años, he aprendido que las veces que menos siento que quiero ir a esas reuniones son las veces que más necesito ir. Cuando la Biblia parece estar muerta y la oración parece imposible, el ánimo de Dios llega a mí a través del ambiente de la comunión cristiana.

Los obreros cristianos también tienen que estar dispuestos a pedir ayuda cuando están crónicamente desanimados. Quizás pensemos: "no quiero ocupar su valioso tiempo; lo resolveré solo". Por supuesto, a veces puede ser preferible hacer esto. Aunque otras veces, esta afirmación delata una determinación orgullosa para resolver nuestra salida del desánimo sin la ayuda de otros cristianos. ¡No hay beneficio en hacernos los héroes si eso nos saca de la batalla! No es un lujo pedir ayuda cuando estamos desfalleciendo; es una responsabilidad, así podemos quedarnos en nuestros puestos y ser efectivos.

Confía en Dios para que te Consuele a Su Manera y Tiempo

Mientras algunos cristianos son reacios a buscar consolación, aunque la necesiten, otros son rápidos para solicitarla. Por esta razón, es también importante *confiar en Dios para que te consuele en la manera y en el tiempo que él escoja*. Muchos cristianos se vuelven resentidos hacia Dios o hacia los demás porque él no cumple con sus peticiones para consolarlos inmediatamente, a través de la gente que ellos escogen, o de la manera que ellos quieren. Nos decepcionaremos si hacemos esas peticiones a Dios y amenazaremos con ponernos en huelga a menos que él venga y nos ayude de esta manera.

Esta actitud expresa incredulidad en la bondad de Dios y solo hará corto circuito en nuestra habilidad para recibir su exhortación. Dios sabe mejor cómo y cuándo animarnos, y ningún tipo de presión de nuestra parte forzará su mano. En cambio, debemos pedir a Dios que nos aliente y ponernos en el ambiente escritural definido para el estímulo. Luego deberíamos expresar nuestra confianza en que Dios nos consolará, al continuar siguiéndole y sirviéndole. La consolación de Dios "los ayude a soportar con paciencia los mismos sufrimientos que nosotros padecemos..." (2Corintios 1:6 NVI). Si nos determinamos a pacientemente soportar las dificultades mientras permanecemos en nuestros puestos, Dios probará su fidelidad para consolarnos.

Usa la Palabra de Dios

Como Dios es la fuente de la exhortación espiritual, *conocer y usar la Palabra de Dios* es clave para aquellos que motivan efectivamente a otros. Pablo dice que los ancianos deben tener un entendimiento de la Palabra de Dios "que también pueda exhortar a otros con la sana doctrina" (Tito 1:9). ¡Esto no significa que meramente le citemos las Escrituras a la gente y los enviemos por su camino! Esto no es consolación; es condescendencia. Más bien, podemos explicar las

Escrituras relevantes y conversar su aplicación. Podemos compartir cómo Dios nos ha consolado a través de pasajes de las Escrituras. Podemos guiar a las personas en las preguntas para que recuerden lo que ya saben de la Palabra de Dios. Hay muchas formas creativas de usar las Escrituras cuando se da ánimo, pero es central en el ministerio. Principalmente, debemos hacer más que escuchar y expresar empatía. Esto puede ser de alguna ayuda, pero es totalmente inadecuado a menos que dirijamos a la gente a lo que Dios dice. Es la Palabra de Dios la que hace libre a las personas dándoles la perspectiva que ellos necesitan y desafiándolos a confiar en él de manera práctica.

Considera Cómo Estimular

El autor de Hebreos nos insta a "estimularnos al amor y a las buenas obras... animémonos unos a otros..." (Hebreos 10:24-25 NVI). Para muchos de nosotros, el dar ánimo efectivo es rara vez un evento intuitivo y espontáneo. Generalmente requiere reflexión cuidadosa y en oración. Si queremos ser efectivos motivadores en presencia de las personas, necesitaremos reflexionar en esas cosas en ausencia de ellas. Esto es a menudo la clave para la atmósfera de las reuniones cristianas. Algunas reuniones son tan muertas que parecen una sala de funeraria. Otras tienen una sensación de expectación eléctrica en el aire. Si Dios está presente en ambas reuniones, ¿cuál es la razón para esta diferencia? Yo creo que, la clave no son los líderes o el maestro, aunque estas personas pueden ejercer una influencia espiritual fuerte en la reunión. Generalmente depende más de la proporción de los presentes que sacrificialmente se han preparado, de antemano, en cuya oración considera al resto. Vienen listos para animar a otros, aunque a veces ellos mismos llevan pesadas cargas. Mientras más hacemos esto, más posibilidades tiene el Señor para levantar a aquellos que están presentes, y la atmósfera se carga más con una sensación de expectación espiritual.

Aprender el Arte de Escuchar

Los motivadores efectivos son generalmente *buenos oidores*. Ellos preguntan a otros cristianos acerca de sus vidas espirituales por interés genuino, y escuchan atentamente las respuestas que reciben. Mientras mejor escuchemos a las personas para orar posteriormente, más podremos discernir acerca de qué tipo de apoyo ellos necesitan. El escuchar atentamente tiende a hacer a otros más receptivos a nuestra motivación cuando la ofrecemos, porque nuestra forma de escuchar ha demostrado amor y respeto. Tristemente, muchos están esencialmente centrados en sí mismos en sus conversaciones con otros cristianos, capaces solo de comunicar un interés superficial en los otros porque ellos no se preocupan por los demás o porque solo quieren hablar de sí mismos. El escuchar centrado en otros es una disciplina que requiere práctica, pero pagará grandes dividendos si queremos influenciar a otros espiritualmente.

¡Práctica, Práctica, ¡Práctica!

La efectividad en la exhortación, como el dominio en cualquier área del ministerio espiritual, requiere *práctica*. Esto es especialmente importante de recordar si nos sentimos incómodos al alentar a otros. Si esperamos hasta sentirnos "naturales" haciendo esto, ¡todavía estaremos esperando cuando Cristo venga! Aunque puede haber muchas razones para sentirnos incómodos al animar a otros, practicar es esencial si queremos, al final, sentirnos más naturales haciéndolo. Más aún, Dios usará grandemente hasta nuestros incómodos intentos para consolar cuando somos sinceros. Busca las oportunidades que Dios te da diariamente para motivar a otros. No esperes a que otros tomen la delantera para consolar. Sé un líder con tu ejemplo.

Preguntas de Debate

1. Comparte los acontecimientos específicos cuando Dios te animó a través de otros cristianos. ¿Qué verdades bíblicas fueron comunicadas? ¿Cómo fueron comunicadas de manera efectiva? ¿Qué diferencia marcaron?

2. ¿Qué formas de animar se te dan más fácilmente? ¿Qué oportunidades existen actualmente para ti para que des este tipo de consolación?

3. ¿Qué formas de dar ánimo son más difíciles para ti? ¿qué oportunidades existen actualmente para ti para que des este tipo de apoyo?

5 - Amonéstense Unos a Otros

... La palabra de Cristo habite abundantemente en ustedes, enseñándose y amonestándose los unos a los otros en toda sabiduría... (Colosenses 3:16 RVA-2015).

La amonestación bíblica es corrección moral a través de la confrontación verbal motivada por la preocupación genuina. La palabra griega muchas veces traducida "amonestar", *noutheteo*, significa "poner en la mente de uno". Las palabras como "reprender", "reprobar", "corregir", y "advertir" son todos sinónimos de "amonestar". Dios nos amonesta porque se preocupa por nosotros, y porque él sabe que nos estamos haciendo daño a nosotros mismos y a otros a través de las actitudes y acciones erróneas. Él nos confronta directamente a través de su Palabra, pero también nos corrige a través de otros cristianos; y él nos llama a cada uno de nosotros a un ministerio de amonestación.

La amonestación es el complemento de la exhortación o consolación. El dar ánimo (la consolación o exhortación) está fundamentado en el supuesto bíblico de que somos gente miedosa que necesita la ayuda de Dios; la amonestación está fundamentada en el supuesto bíblico de que somos gente pecadora que necesita la corrección moral de Dios. La consolación sustenta a las personas instándoles a responder a las promesas de gracia de Dios; la amonestación corrige a las personas llamándolas a responder a la voluntad moral de Dios. Ambas son expresiones del amor bíblico, que entrega a otros lo que necesitan de acuerdo al entendimiento bíblico de las personas. Porque Jesús amaba a Pedro, él lo animó afirmando su potencial ("Serás llamado 'piedra'") y también, lo reprendió por su egoísmo ("¡Quítate de delante de mí... porque no estás pensando en las cosas de Dios, sino en las de los hombres").

Aunque estas dos formas de amor bíblico equilibran y templan el uno al otro, a menudo son puestas una contra la otra. Nuestra cultura ha rechazado en gran parte la legitimidad de los absolutos morales y, por lo tanto, equipara la corrección moral con una fría intolerancia. Según el ambiente secular de hoy, somos capaces de tomar nuestra propia dirección moral de manera saludable, y la corrección moral externa nos vuelve disfuncional. Por lo tanto, la amonestación es innecesaria y hasta dañina. Desgraciadamente, muchos cristianos han asimilado esta mentalidad a un nivel sorprendente. Ellos ven la consolación como obligatoria para el crecimiento espiritual, pero la amonestación está trágicamente ausente de su visión del amor. No es "políticamente correcto" en el ambiente actual para los cristianos confrontarse los unos a los otros acerca de asuntos morales. Aquellos que amonestan a otros cristianos corren el riesgo de ser llamados entrometidos, en el mejor de los casos, y espiritualmente abusivos en el peor. Pero el Nuevo Testamento es claro en que no es posible amarse los unos a los otros sin amonestarse los unos a los otros.

Dado que la amonestación es un aspecto del amor bíblico, todos los cristianos tienen la responsabilidad de amonestar. Los líderes de la iglesia tienen una responsabilidad especial de amonestar a aquellos bajo su cargo. Por consiguiente, aproximadamente la mitad de los pasajes del Nuevo Testamento relativo a la amonestación está dirigido a los líderes. Los líderes deben estar dispuestos a proporcionar corrección moral, aunque no sea popular. Sin embargo, otros pasajes, se dirigen a todos los cristianos, que dejan en claro que la amonestación recíproca es un aspecto obligatorio de la comunidad cristiana. Dos pasajes son particularmente claros en esto. En Romanos 15:14, Pablo dijo: "Pero yo mismo estoy persuadido de ustedes... están colmados de bondad, llenos de todo conocimiento, de tal manera que pueden aconsejarse los unos a los otros". Aunque Pablo nunca había visitado a los cristianos romanos y no conocía a ninguno de ellos personalmente, él expresó su confianza de que ellos eran capaces de la amonestación mutua. ¿Por qué? Porque ellos poseían bondad, que significa preocupación amorosa por el bienestar de los unos por los otros; y porque ellos poseían conocimiento, que se refiere a su acceso a la Palabra de Dios. Cualquier cristiano que se preocupa por sus amigos y sabe lo que la Biblia dice, está calificado, según Pablo, para amonestar.

Pablo repite esta convicción en Colosenses 3:16, donde él llama a todos los cristianos en esa iglesia local a que "La palabra de Cristo habite abundantemente en ustedes, enseñándose y amonestándose los unos a los otros". Nuevamente, aunque él no conocía a nadie de esta gente, Pablo expresó confianza en que cada cristiano colosense poseía los recursos para la amonestación efectiva. Al mirar ellos la Palabra de Dios y emplear la sabiduría en su trato los unos con los otros, ellos podrían instruir y corregir unos a otros de maneras que promoverían la madurez espiritual.

Recibir Amonestación

Como la amonestación debería ser recíproca en la iglesia ("amonéstense *unos a otros*"), deberíamos llegar a ser efectivos tanto al recibirla como al darla.

Al igual que otras formas de la disciplina de Dios, la amonestación no "parece ser causa de gozo sino de tristeza; pero después da fruto apacible de justicia a los que por medio de ella han sido ejercitados" (Hebreos 12:11 RVA-2015). Nadie, realmente disfruta al ser corregido por errores morales. Por un lado, esto es simplemente porque la amonestación es dolorosa, y ¡no deberíamos disfrutar el dolor! Como todos nosotros necesitamos amonestación de vez en cuando, no obstante, podríamos aprender cómo sacar el mayor provecho de esto.

Aversión a la Amonestación

La amonestación puede ser especialmente dolorosa para aquellos que han experimentado un patrón de rechazo personal junto con corrección de parte de figuras de autoridad claves. Si las figuras de autoridad de nuestra niñez usaron corrección sin la preocupación genuina de amor o como un medio de retribución, podemos desarrollar una respuesta de reflejo negativo a toda corrección. Esto es entendible, pero ciertamente no es necesario para nosotros ver toda la amonestación de esta manera. Que *algunas* personas reemplacen corrección con rechazo no significa que *toda* corrección es rechazo. De hecho, a menos que aprendamos a diferenciar la amonestación proveniente de Dios del rechazo, no podremos madurar espiritualmente porque "Él nos disciplina para nuestro bien, para que participemos de su santidad" (Hebreos 12:10). Por eso, es importante entender la gracia de Dios si queremos beneficiarnos de la amonestación. Dios nunca rechaza a sus hijos, y él siempre nos disciplina en amor. Mientras mejor entendamos esto y más lo creamos, más fácil será interpretar la amonestación como un acto de amor y beneficio, en vez de interpretarlo como una prueba de rechazo y reaccionar contra ello.

Sin embargo, sería un error culpar el abuso del pasado por todas las reacciones negativas a la amonestación. Aún aquellos que no han experimentado abuso serio de amonestación normalmente tienen una respuesta inicial negativa. Esto es porque, como personas caídas, tenemos una tendencia arraigada a rebelarnos contra la autoridad de Dios e insistir en nuestra propia manera. Cuando otros cristianos nos corrigen, aún en una forma delicada y cariñosa, normalmente experimentamos algo dentro de nosotros que surge como ira. Nuestra ira naturalmente se enfoca en los defectos menores del amonestador, y usamos estos defectos como una excusa para ignorar su contenido. "¡Cómo se atreve a levantarme la voz!" "¡Él debería haber tratado de consolarme más!" "¿Qué le pasa a él hablándome de mis pecados cuando él tiene un montón?" Algunos hasta rechazan la corrección sobre la base de "¡tú heriste mis sentimientos cuando dijiste eso!"

Ciertamente, esta afirmación revela una profunda falta de madurez. Después de todo, el asunto no es si nuestros sentimientos fueron heridos, más bien saber si la amonestación fue certera. Los cristianos maduros conocen su corrupción y son profundamente recelosos de la tendencia a reaccionar negativamente a la amonestación. Mientras nos reservemos el derecho a rechazar la amonestación a no ser que los otros la den de una manera perfecta o sin dolor, permaneceremos en un estado primitivo de desarrollo espiritual. La sabiduría y la madurez vienen a aquellos que aprenden a ver la corrección como un medio del amor de Dios y responden adecuadamente. Este es un tema muy importante en los escritos de Salomón:

"El que ama la corrección ama el conocimiento, pero el que aborrece la reprensión se embrutece." (Proverbios 12:1 RVA2015)

"El que tiene en poco la disciplina se desprecia a sí mismo, mas el que escucha las reprensiones adquiere entendimiento" (Proverbios 15:32)

"El hombre que después de mucha reprensión endurece la cerviz, de repente será quebrantado sin remedio" (Proverbios 29:1).

"Mejor es oír la reprensión del sabio que oír la canción de los necios" (Eclesiastés 7:5).

Enfocarse en el Contenido de la Amonestación

Entonces, es importante buscar la verdad en la corrección, más que buscar las excusas para rechazarla. La amonestación es una labor de amor. Pocas personas en nuestras vidas se preocuparán por nosotros lo suficiente para arriesgarse a darnos este tipo de ayuda. Menos aún correrán el riesgo nuevamente si respondemos a la defensiva o al contraataque. Cuando nos amonestan, debemos hacernos dos preguntas: "¿Reconozco esta actitud o acción en mi vida?" y "¿Habla la Biblia de esto como moralmente incorrecto?" Si la respuesta a estas preguntas es "si", deberíamos agradecer a nuestro amigo por llamar nuestra atención hacia esto, y luego, empezar a cambiar nuestros caminos con la ayuda de Dios. A menudo, la validez de la corrección es evidente para nosotros de inmediato o hasta antes de que alguien nos corrija. Debido a que todos somos propensos a la arrogancia y al autoengaño, quizás necesitemos considerar en oración el contenido de la amonestación antes de que podamos ver cómo encaja.

Por supuesto, puede haber tiempos cuando concluimos que una amonestación no es precisa. Cuando este es el caso, deberíamos rechazarla, o al menos pedir una aclaración. Algunos cristianos tienen conciencias demasiado sensibles y confiesan virtualmente todo pecado del que se les acusa. Algunos quieren la aceptación de las otras personas tanto que ellos reconocen y piden perdón hasta por cosas por las cuales ellos no creen que son culpables. Sin embargo, es tan erróneo pedir perdón por aquello que no creemos que está mal, como lo es negarse a pedir perdón por lo que sabemos que está mal. Desgraciadamente, algunos cristianos tienen un interés personal, y acusan a otros falsamente. Otros mantienen sus propias conciencias culpables a raya encontrándoles falta a todo y acusando a otros. Los cristianos de Corinto estaban, aparentemente, participando en este tipo de juego de culpar a otros, cuando ellos acusaron a Pablo de hacer el ministerio cristiano por motivos erróneos. Pablo negó que él fuera culpable de este pecado, y él los llamó a desistir de sus acusaciones (1Corintios 4:3-5).

¿Cuál es el patrón en tu propia vida? ¿Tiendes a responder a la defensiva cuando te corrigen? ¿Tiendes a estar de acuerdo simplemente y pedir perdón inmediatamente, ya sea que eres culpable o no? ¿Has enseñado a la gente a que no se molesten en corregirte porque ellos tendrán que soportar un terrible contraataque? O ¿Has aprendido la perspectiva de Salomón: "Fieles son las heridas del amigo" (Proverbios 27:6)?

Practicar la Amonestación

Amonestar o No Amonestar

Por la complejidad de las situaciones humanas, es imposible prescribir una fórmula para cuándo es apropiado una amonestación. Jesús dijo: "si tu hermano peca, ve y repréndelo a solas" (Mateo 18:15). Sin embargo, él nos dio una valiosa guía al poner esta afirmación entre dos parábolas. En el contexto anterior, él contó la parábola del pastor que dejó las noventa y nueve ovejas para encontrar la que se había perdido. En contexto siguiente, Jesús contó la parábola del siervo perdonado que rehusó perdonar a su deudor. Por lo tanto, antes de amonestar a alguien, es importante preguntarnos en oración: "¿He perdonado a la persona que me causó dolor, o quiero devolvérsela?" "¿Estoy comprometido honestamente en buscar su bien, o estoy más interesado en dar rienda suelta a mi propio enojo porque yo fui ofendido?" A menos que podamos responder estas preguntas afirmativamente, no podemos confiar en nuestro juicio acerca de si amonestar o no y cómo hacerlo.

Preguntas adicionales pueden ayudarnos a decidir si la amonestación es apropiada y cómo comunicarla. ¿Describe la Biblia claramente este asunto como pecado? ¿Sabes tú si la persona hizo lo que tú piensas? Si esto no es claro, quizás podamos decidir hablar con la otra persona, pero es sabio hacer preguntas o manifestar preocupación, más que soltar una reprensión. Deberíamos ser especialmente cuidadosos acerca de juzgar los motivos de los demás cuando sus acciones no son claramente erróneas. La motivación es un asunto moral, pero no estamos equipados para detectar las motivaciones erróneas tan certeramente como podemos detectar el mal comportamiento. ¿Está la persona ya consciente de este asunto y trabajando en ello? Si este es el caso, tal vez nuestra mejor respuesta por lo general es mostrar paciencia y tolerancia. La sabiduría dicta que nosotros deberíamos conocer nuestras propias tendencias temperamentales. ¿Tiendes a ser excesivamente crítico o excesivamente suave en tu trato con los demás? Si es así, quizás necesites verificar si te estás acobardando de dar una amonestación que se necesita. Sin embargo, si tiendes a ser excesivamente crítico en tu trato con los demás, quizás necesites preguntarte por qué no deberías practicar la tolerancia.

Otros cristianos pueden a menudo ayudarnos a discernir si la amonestación es necesaria y cómo darla. En especial, si ellos tienen experiencia en el ministerio cristiano, o si ellos nos conocen a nosotros y a las personas involucradas, ellos son el recurso de Dios para ayudarnos en esta importante labor de amor. Aunque se puede abusar de este recurso con el chisme, no es bíblico pensar que no debemos consultar con otros cristianos de esta manera.[9]

---

[9] Ver Apéndice 1 para un trato extenso de este tema.

Un Contexto Motivador

Otros recibirán sin inconvenientes la amonestación cuando la hacemos en un ambiente de dar ánimo. Tanto el sentido común como la experiencia personal nos enseñan que estamos más abiertos a recibir la corrección de aquellos que han expresado afirmación y creen en nosotros. La exhortación tiende a ayudarnos a hacer la distinción entre lo que hacemos (que es el tema de la amonestación) y quiénes somos. En este ambiente, la gente percibe la amonestación más fácilmente como la acción de amor que es. Por ejemplo, en una familia saludable, los padres desarrollan un ambiente rico en consolación que provee un contexto para que sus hijos se beneficien más de la amonestación de sus padres.

Sin embargo, este principio no nos limita a amonestar solo a aquellos que conocemos bien y que le hayamos dado mucho ánimo últimamente. Esta conclusión errónea está implícita en la máxima de que debemos "ganarnos el derecho a ser escuchados". La amonestación no es un derecho que ganamos; es gracia que damos y una labor de amor. Deberíamos desarrollar una relación de estímulo siempre que sea posible, pero a veces las situaciones surgen en donde debemos pasar a la acción sin esta preparación. A veces aquellos que están más cerca de un cristiano descarriado, no están dispuestos a amonestarlo, y les toca a otros hacerlo. A veces el cristiano descarriado ha rechazado la amonestación de aquellos cercanos a él, así que otros deben confirmar la seriedad del problema (Mateo 18:15-16). A veces el error es tan flagrante que requiere una amonestación inmediata y fuerte.

Se necesita hacer otra calificación a este principio. No deberíamos necesariamente concluir que no deberíamos haber amonestado a alguien, o que lo amonestamos erróneamente solo porque respondió mal. Debido a que somos pecadores y podemos endurecer nuestros corazones frente a la corrección, la gente puede y rechaza la amonestación aun cuando otros lo hacen con una motivación de amor y de una manera apropiada. Por ejemplo, los padres saben que sus hijos frecuentemente reaccionan a alguna disciplina con la sentencia de que no es justo o no conlleva amor. A menos que tengamos una categoría en nuestras propias mentes para esto, tendremos la tendencia a evaluar la legitimidad de nuestra amonestación pensando en la respuesta de la persona más que basarnos en que lo hicimos de manera bíblica.

En Privado y Cara a Cara

Jesús dijo: "si tu hermano peca, ve y repréndelo a solas" (Mateo 18:15). En la mayoría de los casos, deberíamos amonestar en privado. Aunque quizás puede ser más conveniente o menos amedrentador para nosotros corregir a alguien en la presencia de otros, generalmente no es lo mejor para la persona que estamos corrigiendo. Esto es porque la amonestación en privado hace más fácil que la persona escuche la corrección sin estar a la defensiva. Deberíamos reservar la amonestación en grupo o pública para los pecados serios o para cuando la persona ha demostrado que no está dispuesta a responder a la amonestación privada anterior. De la misma manera, el escenario de cara a cara es preferible a una llamada telefónica o una carta. Por supuesto, hay excepciones a esto, pero es una regla de oro. Quizás nos sentimos más cómodos confrontando a la persona por la protección que nos da un teléfono o una carta, pero el objetivo es ayudar a la otra persona, no hacerlo más fácil para nosotros. Mucha comunicación no es verbal, y solo la conversación cara a cara permite la comunicación no verbal completa. Puede haber asuntos que necesitemos debatir o aclarar de inmediato, y esto no es posible en una carta. Una reunión cara a cara comunica tanto franqueza como vulnerabilidad de la persona que está amonestando.

Sé Directo y Específico

Ve directo al punto. Las introducciones largas o las afirmaciones alentadoras son generalmente inútiles porque pueden ser confusas. La otra persona generalmente siente que algo está pasando y quiere saber qué es. La mayoría de las veces, somos reacios a ir al punto debido a nuestros temores más que por preocupación redentora por la otra persona. La tensión ya está allí, y la mejor manera de romperla es expresar nuestra preocupación.

Las amonestaciones generales y vagas son también inútiles. Si abrimos la conversación diciendo: "tu actitud ha sido pésima últimamente", podemos esperar confusión o resistencia. Por el contrario, "perdiste el control y hablaste abusivamente a Miguel esta mañana" es lo suficientemente específico para enfocarse en el asunto inmediatamente.

En algunos casos, quizás necesitemos sacar a relucir el tema con una pregunta: "La semana pasada me fijé que no volviste a la casa por dos noches. ¿Pasaste esas dos noches en la casa de tu novia?" Dependiendo de la respuesta de la persona, tendremos que decidir cómo discutir el tema, pero hemos aclarado la atmósfera sacando a relucir el tema de una manera directa.

Recurrir a las Escrituras

La amonestación cristiana debería recurrir a la Biblia como la autoridad moral. No vamos a confrontar a la otra persona porque nos rozó de la manera incorrecta, o porque hemos decidido ser su máximo juez, sino porque ha violado la voluntad moral de Dios. Nos acercamos a ella o a él como un hermano(a) cristiano(a), igualmente bajo la autoridad moral de Dios, llamando a la persona a la misma rendición de cuentas para con Dios a la cual nosotros nos sometemos. Deberíamos dejar en claro que el tema principal no es entre nosotros y la otra persona, sino más bien entre esa persona y Dios. Podemos declarar esto, o podemos señalar dónde la Biblia habla del tema. Debido a que la Biblia es la Palabra de Dios, tiene el poder para convencer a la gente de pecado de maneras que son imposibles para nosotros. Si se nos olvida esto, nuestra inclinación sería recurrir a nuestra propia inteligencia o nuestro encanto o al impacto de nuestra personalidad. En cambio, deberíamos depender del poder de la verdad de Dios y de la obra de convicción de su Espíritu. Recuerda: "la Palabra de Dios es viva y eficaz, y más cortante que cualquier espada de dos filos; penetra hasta la división del alma y del espíritu, de las coyunturas y los tuétanos, y es poderosa para discernir los pensamientos y las intenciones del corazón" (Hebreos 4:12).

Sé Paciente en vez de Insistir en la Respuesta Inmediata

Para dar a Dios la oportunidad de convencer a la otra persona, generalmente deberíamos instarlo a reflexionar en oración en lo que hemos dicho si él no responde adecuadamente a nuestra amonestación. A menos que el asunto sea tan serio que el cumplimiento inmediato sea necesario (violencia física, por ejemplo), es generalmente mejor responder a su resistencia diciendo: "me gustaría que pensaras y oraras acerca de lo que he compartido contigo sobre este tema. Hablemos más de esto en los próximos días". Esto le da a la persona algo de tiempo para calmarse, y le permite a Dios algo de tiempo para penetrar en esa resistencia inicial con su convicción. Por supuesto, es importante continuar con tal sugerencia retomando el tema pronto. Sin duda por eso Jesús indicó múltiples instancias en Mateo 18: 15-17.

Sé Constructivo Cuando Sea Posible

Gálatas 6:1 dice que deberíamos "restaurar" a aquellos que han sido sorprendidos en alguna falta. Este versículo ciertamente subraya la importancia de tener una actitud redentora hacia la persona que amonestamos, pero también nos insta a ir más allá. ¿Hay maneras prácticas en las cuales podemos ayudar a la persona a superar este pecado? ¿Hay ayuda adicional que podríamos dar? Ciertamente es válido decir: "Dios dice que no debes tener relaciones sexuales con tu novia". Sin embargo, después que la persona concuerda en que esto está mal, puede ser más útil continuar esta amonestación con una sugerencia: "¿Por qué no evalúan tú y tu novia qué situaciones facilitan que ustedes caigan en el sexo, y acuerden evitar esas situaciones?" Ser constructivo puede requerir esfuerzo mental de nuestra parte antes de que amonestemos a alguien, pero tal esfuerzo es parte de ser una influencia restauradora.

Hay tiempos cuando debemos abordar temas sin poder ofrecer ninguna ayuda práctica constructiva. Si hemos hecho el esfuerzo y no tenemos nada, a menudo igualmente necesitamos estar dispuestos a hablar la palabra correctiva. En estas situaciones, es suficiente decir que nos gustaría poder ayudar más, y que estaremos orando para que

Dios dé a la persona la perspectiva que quizás necesita para superar este asunto. También podemos instarlo a hablar con alguien que pueda darle este tipo de ayuda.

Termina Dando Ánimo Cuando sea Apropiado

¿Y si la otra persona responde a nuestra amonestación con humildad y aceptación acerca de la necesidad de cambiar? En la mayoría de los casos, nuestra respuesta debería ser consolarlo. El padre del hijo pródigo se regocijó y abrazó a su hijo cuando éste regresó (Lucas 15:20). Pablo instó a los corintios a reafirmar su amor por el hermano descarriado que se había arrepentido (2Corintios 2:8). Encuentra una forma de expresar tu satisfacción personal con su respuesta y tu expectativa de que dará como resultado mayor crecimiento espiritual.

A veces la gente muestra un patrón positivo de respuesta a la amonestación en forma verbal, pero continúa demostrando una falta de arrepentimiento en sus acciones. Cuando este es el caso, generalmente es mejor aplazar la consolación hasta que el cambio de comportamiento sea evidente. Entonces la consolación reforzará el verdadero arrepentimiento y no el mero acuerdo verbal.

La Amonestación y la Exhortación Establecen las Pautas en la Comunidad Cristiana

La amonestación y el dar ánimo son factores cruciales en las pautas de una comunidad cristiana, ya sea un grupo pequeño, toda una iglesia, o una familia cristiana. Consideremos cada cuarto del siguiente cuadro representando una comunidad cristiana. ¿Qué tipo de pautas existirían en cada grupo?

	Grupo de Ayuda	Vida del Cuerpo Saludable
	Indiferente	Señala con el Dedo
	Amonestar	

Muchos grupos cristianos son deficientes tanto en consolación/exhortación como en amonestación. Este es el grupo "indiferente", que no es una comunidad en absoluto. La gente no está involucrada los unos con los otros a nivel personal. En esos grupos, generalmente se forma un consenso silencioso donde los miembros no comparten sus temores ni admiten sus problemas morales. En cambio, ellos tienden a adoptar la pose de "todo está bien conmigo" no importando qué está pasando espiritualmente. Mientras este tipo de grupo requiere poco riesgo o rendición de cuentas, también provee poca dirección verdadera, ayuda o intimidad. Es superficial.

Muchos grupos cristianos dan mucho ánimo, pero tienen poca amonestación. Podríamos llamar a esto el "grupo de ayuda". Nuestra sociedad a menudo caracteriza esos grupos como benevolentes. La atmósfera del grupo tiende a ser reafirmante y enriquecedora, pero carece de fibra moral. En este ambiente, la gente se siente afirmada mientras sus problemas siguen sin resolverse y a menudo empeoran. Aquellos que están dispuestos a amonestar a menudo se frustran porque ellos sienten que los demás no los respaldarán cuando toman una posición de confrontación. La amonestación hasta puede ser vista con malos ojos como algo sin amor; pero la consolación sin la amonestación apropiada crea un grupo flácido que no fomenta el crecimiento espiritual.

Los grupos cristianos que tienen más amonestación, pero menos consolación tienden a desarrollar una pauta rigurosa o hasta farisaica. En esta atmósfera de "señala con el dedo", los miembros abordan los problemas morales de cada uno de inmediato y fuertemente, pero se desarrolla un clima de temor porque ellos no se recuerdan mutuamente de la fidelidad de Dios. La ira más que el amor a menudo llega a ser el motivo central de la amonestación. En este ambiente, la gente tiende a alejarse de la vulnerabilidad personal, adopta las posturas externas de la vida cristiana y se enfoca más en los pecados de los demás que en su propio crecimiento espiritual.

El ideal de Dios es una comunidad cristiana en la cual los miembros se consuelan unos a otros de manera regular y se amonestan cuando sea necesario. Esto no quiere decir que debamos dar consolación y amonestación en igual cantidad. Los grupos saludables (además de las amistades y familias) expresan más exhortación que amonestación. El punto es que estemos dispuestos a amonestar cuando sea necesario, y que lo hagamos por el bien de los seres queridos. En otras palabras, que hablemos la verdad en amor los unos a los otros (Efesios 4:15). Este es el grupo que sigue el consejo de Pablo a los Tesalonicenses: "que amonesten a los desordenados, a que alienten a los de poco ánimo, ...que tengan paciencia hacia todos" (1Tesalonicenses 5:14 RVA-2015). El resultado, según Pablo, no es una comunidad perfecta, sino "el crecimiento del cuerpo para su propia edificación en amor" (Efesios 4:16).

Preguntas para el Debate

1. Comparte situaciones específicas donde Dios te amonestó a través de otros cristianos. ¿Qué impacto tuvo esta amonestación en tu vida espiritual? ¿Cuándo fue la última vez que otro cristiano te amonestó? ¿Cuál fue el resultado?

2. Usando el cuadro al final del capítulo, ¿cómo describirías tu propio involucramiento con otros amigos cristianos? ¿Qué pasos puedes dar para involucrarte más saludablemente?

3. Usando el cuadro al final del capítulo, ¿cómo describirías tu propia iglesia? ¿Qué podría ayudar para que fuera una comunidad más saludable?

6 – Confiésense Unos a Otros Sus Pecados

...confiésense unos a otros sus pecados, y oren unos por otros de manera que sean sanados... (Santiago 5:16 RVA-2015)

La confesión saca a la luz todo tipo de imágenes incómodas para muchos de nosotros; pero Dios la ha incluido como una de las claves para las relaciones saludables de amor. Santiago dice: "confiésense unos a otros sus pecados" (Santiago 5:16 RVA-2015).

¿Qué es la Confesión?

La palabra del Nuevo Testamento para "confesar" es *homolego*, que significa literalmente "decir con" o "estar de acuerdo con". Cuando confesamos nuestros pecados unos a otros, decimos lo mismo que Dios dice acerca de ellos; nos hacemos responsables por ellos como pecados, más que racionalizarlos o culpar a otros por ellos o a las circunstancias. A veces necesitamos confesar nuestros pecados a quienes contra los cuales hemos pecado para reconciliarnos con ellos. A veces necesitamos confesar nuestros pecados a otros amigos cristianos para buscar su ayuda para superar estos pecados.

Confusión Por la Confesión

Para beneficiarse de la confesión, primero necesitamos quitar nuestros conceptos erróneos acerca de esta práctica. La confesión es un asunto complejo, así que está sujeto a confusión y concepto erróneo. Entonces también, tenemos diferentes trasfondos religiosos y tendencias temperamentales, y estos pueden crear diferentes problemas con la confesión.

¿Es Necesario el Perdón de Dios?

Algunas personas ven la confesión a otras personas como algo necesario para obtener el perdón de Dios. Por ejemplo, de acuerdo a la doctrina católica romana, el sacerdote tiene autoridad divina para dar el perdón de Dios a través de los sacramentos de confesión y penitencia.[10] A menos que estés dispuesto a confesar tus pecados a un sacerdote y seguir sus instrucciones para hacer la penitencia, no se te dará el perdón de Dios. Sin embargo, esa enseñanza es una contradicción directa con el Nuevo Testamento, que insiste en que Dios nos declara justos solamente a través de nuestra fe en Cristo, aparte de cualquier otro mediador humano (Gálatas 2:16; 1Timoteo 2:5). Porque la aceptación de Dios está basada completamente en la obra concluida de Cristo, podemos venir a la presencia de Dios en cualquier momento con la total seguridad de que él nos acepta (Hebreos 10:19-22).

Tirando la Fruta Fresca Junto con la Podrida

Los cristianos que han conocido el poder liberador del completo perdón de Dios a veces reaccionan en contra de sus experiencias con la confesión al punto de negar que ésta tenga algún valor en la vida cristiana. 'Esto es tirar la fruta fresca junto con la podrida'. La confesión a otros cristianos no es necesario para el perdón de Dios, pero todavía tiene un importante rol que jugar. En verdad, saber que Dios nos ha perdonado completamente debería liberarnos para estar abiertos acerca de nuestros pecados y los de los demás. Ya que Dios ha quitado para siempre la amenaza de su rechazo, podemos permitirnos ser honestos con los demás acerca de nuestras luchas morales. Esta honestidad basada en la gracia es una característica importante del crecimiento espiritual y de las relaciones de calidad, como veremos pronto.

"Ya lo Confesé a Dios"

Algunos cristianos concluyen que mientras ellos confiesen sus pecados a Dios, ellos no necesitan confesar sus pecados a otras personas. Esto plantea un asunto confuso, porque no necesitamos confesar todos los

---

[10] Catecismo de la Iglesia Católica (Ligouri, Mo.: Librería Editrice Vaticana, 1994), p. 373.

pecados a otros. Volveremos a este asunto luego, pero claramente debemos confesar algunos pecados a otros antes de que puedan resolverse de manera efectiva. Por ejemplo, la gente que ha sido sexualmente infiel a sus cónyuges debe normalmente confesar esto y pedir perdón. Esto es importante por dos razones. Primero, hicieron un juramento a sus cónyuges de permanecer fiel a ellos, y rompieron ese juramento. Ellos deben decírselo a sus cónyuges.

Segundo, ellos no pueden restaurar su intimidad perdida hasta que ellos revelen esta información. Ellos continuarán preguntándose cómo sus cónyuges reaccionarían si ellos supieran de su infidelidad, y esta falta de decisión impedirá que la relación sea genuinamente sanada. En realidad, este temor de la confesión es generalmente un intento por evitar todas las consecuencias del adulterio. Aquellos que se oponen a esta posición generalmente dicen: "lo he confesado a Dios. No necesito confesarlo a nadie más". La verdad es que hasta que ellos lo confiesen a sus cónyuges, estarán afectando negativamente sus relaciones tanto con sus cónyuges como con Dios.

La Confesión para Evitar el Arrepentimiento

Algunos cristianos usan mal la confesión como una forma de evitar el verdadero arrepentimiento, la elección de cambiar de actitud y dirección. Los niños a menudo usan esta táctica con sus padres. Cuando los atrapan, ellos pueden gritar con lágrimas en los ojos, "¡Lo siento!" no porque ellos estén arrepentidos, sino para evitar las consecuencias disciplinarias. Tristemente, muchos de nosotros nunca superamos esta peligrosa práctica. Algunos cristianos son expertos discerniendo cuándo otros planean amonestarlos. Entonces, ellos comienzan una disculpa, pero su motivo es quitarse a las personas de encima, para así seguir haciendo lo que quieren hacer. En el mejor de los casos, esto es hipocresía y manipulación deliberadas. En el peor de los casos, puede convertirse en una peligrosa forma de autoengaño por el cual nos convencemos de que estamos arrepentidos cuando no lo estamos. De esta manera, podemos corromper la confesión y la usamos como un medio de perpetuar nuestros hábitos pecaminosos en vez de emplearla como un medio de liberación.

Saúl, el primer rey de Israel, demostró este mal uso de la confesión en varias ocasiones. Cuando Samuel lo confrontó con su desobediencia a la orden de Dios de destruir a los Amalecitas, Saúl primero insistió en que él había obedecido al Señor. Cuando Samuel persistió, Saúl culpó al pueblo. Finalmente, después que Samuel le declaró que Dios lo había rechazado como rey por su insubordinación, Saúl repentinamente gritó: "Yo he pecado; porque he quebrantado el mandamiento del Señor y tus palabras, temiendo al pueblo y accediendo a su voz" (1Samuel 15:24 RVA-2015). Suena como una confesión limpia, ¿no es cierto? Sin embargo, la narración subsiguiente deja claro que Saúl solo estaba tratando de evitar la pérdida de su reinado. A través de todo el resto de su miserable reinado, él verbalizó confesiones aparentemente sinceras, solamente para continuar descendiendo por su escogido camino de rebeldía contra Dios.

Solo Para Profesionales

Muchos cristianos entienden que la confesión a otros cristianos es válida y hasta importante, pero ellos creen que deberían confesar solo a cristianos profesionales calificados. Hoy, con el surgimiento de la popularidad de la consejería cristiana profesional, muchos cristianos sienten que ellos deberían contar sus pecados solo en este contexto. Esta mentalidad representa la conformidad a nuestra cultura secular, que ha relegado este tipo de vulnerabilidad personal a los expertos terapéuticos. Algunos líderes cristianos están llamando a la gente a volver a sus pastores para este tipo de ayuda, como reacción contra este acontecimiento. Pero este llamado solo afirma la misma mentalidad de 'experto'; esta vez en la forma de la división clero-laico. En realidad, mientras tanto los consejeros profesionales como los pastores pueden ser útiles, la confesión a ellos no es suficiente ni totalmente bíblica. Santiago dice: "confiésense unos a otros sus pecados" (Santiago 5:16 RVA-2015). Pablo, de la misma manera, nos llama a que "dejando la mentira, hable cada uno a su prójimo con la verdad" (Efesios 4:25 NVI). Los consejeros y los pastores pueden ser un valioso suplemento a la auténtica comunidad cristiana, pero ellos nunca pueden reemplazarla. Muchos problemas confesados en la privacidad de la oficina de consejero (o pastor) podrían ser resueltos más rápida y efectivamente si fueran confesados a amigos cristianos cercanos. Muchos más problemas serían cortados de raíz si los cristianos fueran más abiertos los unos con los otros acerca de sus pecados.

Los Beneficios de la Confesión

La mayoría de la gente ve la confesión como una práctica que de alguna manera beneficia a Dios, ¡pero nada podría estar más lejos de la verdad! Dios ya sabe lo que hemos hecho, y ya nos acepta a pesar de nuestros pecados, debido a la obra finalizada de Cristo. Dios seguramente disfruta nuestra honestidad con él, pero él ordena la confesión fundamentalmente para nuestro beneficio. Cuando nos relacionamos honestamente con Dios porque confiamos en su aceptación, la confesión a otros cristianos llega a ser una fuente crucial de ayuda espiritual.

Experimentar el Perdón de Dios

Una vez que recibimos a Cristo, Dios nos perdona en forma permanente. Él cancela para siempre nuestra verdadera culpa moral, la pasada, presente y futura, a través del pago de Cristo en la cruz (Colosenses 2:13-14). Sin embargo, nuestra certeza empírica de ese perdón no es constante; debemos apropiarnos de ella en forma continua. Aunque no hay condiciones adicionales para recibir el perdón objetivo de Dios, a veces hay condiciones adicionales para experimentarlo.

En muchos casos, somos capaces de apropiarnos empíricamente del perdón de Dios reconociendo delante de él que hemos pecado, acordando volver a su camino en esta área, y agradeciéndole por su gracia. Sin embargo, a veces no podemos experimentar el perdón de Dios hasta que también lo confesemos a otros. Quizás es porque hemos pecado contra esa persona y necesitamos resolverlo con ella. Quizás es porque hemos traicionado una confianza en nuestro rol en la obra de Dios, y la integridad requiere que lo revelemos. Quizás es porque Dios quiere que practiquemos sinceridad y vulnerabilidad con los demás.

Quizás es porque Dios quiere liberarnos de nuestra dependencia de la aceptación de las personas arriesgándonos al rechazo de ellos a través de la confesión. Quizás es porque Dios ha decidido comunicar el sentido empírico (no judicial) de su perdón a través de otros cristianos para que así aprendamos una dependencia saludable de ellos.

Varios años atrás, yo viajé a la Costa Oeste de EE.UU. para asistir a una conferencia cristiana. Fui como líder de nuestra iglesia a reunir información para usarla para equipar a otros cristianos nuevos. Mientras yo estaba allí, caí en tentación y me drogué, un antiguo hábito del cual Dios me había liberado poco después que vine a Cristo. Hice esto una sola vez, y lo confesé a Dios y le di gracias por su perdón. Habiendo hecho esto, traté de seguir con mi vida normal, pero no podía sacudirme una sensación perturbadora de culpa no resuelta. Por un par de días, viví en agonía con esto, diciéndome a mí mismo que me estaba rindiendo a la acusación satánica, que no era una tremenda cosa, que ya había confesado este asunto a Dios y me había arrepentido. Recordé una vez cuando era un cristiano nuevo y había caído de la misma manera. Lo había confesado privadamente a Dios e inmediatamente experimenté su perdón que limpió mi conciencia. ¿No debía ser lo mismo ahora? No tuve descanso hasta que lo confesé a mi esposa y a mis colegas líderes. Solo entonces, pude tener paz con Dios en este asunto y superarlo satisfactoriamente.

¿Por qué Dios me exigió que yo confesara esta caída a otros? Yo creo que la razón principal era que a mayores niveles de liderazgo en la obra de Dios viene mayor rendición de cuentas de nuestras vidas en el aspecto moral. Yo había traicionado la confianza como líder de mi iglesia. Necesitaba sacar a la luz esta traición y sujetarme a su disciplina. También necesitaba humillarme delante de mi esposa reconociendo esta caída. Lo que había sido adecuado para mi siendo un cristiano nuevo no era suficiente para mí como un líder cristiano. Aprendí muchas lecciones valiosas de esa experiencia, y una de ellas fue el poder liberador de la confesión a otros.

Activar el Poder de Dios para el Cambio Moral

El pecado se desarrolla muy bien en lo secreto y en la oscuridad. Mientras más ocultamos el pecado, más nos engaña y nos pone bajo su poder. Por el contrario, sacar el pecado a la luz debilita su poder sobre nosotros. Quizás por eso Santiago nos dice "confiésense unos a otros sus pecados, y oren unos por otros, para que sean sanados" (Santiago 5:16 NVI).[11] Cuando escogemos contarnos unos a otros nuestras faltas morales, y mientras oramos los unos por los otros en estas áreas, Dios puede transformar nuestros caracteres más rápidamente y más profundamente que si tratamos de crecer por nosotros mismos. Porque estamos viviendo en la luz, el Espíritu de Dios es más libre para darnos poder y obrar a través nuestro para influir en los demás. El resultado es un impacto mucho más fuerte para Cristo en nuestra sociedad.

En el corazón del movimiento Wesleyano en los 1700s estaba la "banda". Estas bandas eran grupos pequeños de cristianos que se reunían semanalmente con el propósito expreso de practicar Santiago 5:16.[12] John Wesley sabía que la vitalidad espiritual de estos nuevos convertidos iba a menguar con toda seguridad, a menos que ellos practicaran este tipo de rendición de cuentas en amor y oración los unos con los otros. Durante el tiempo en que estas bandas eran una característica central del Wesleyanismo, las vidas cambiadas influenciaron la sociedad y produjeron una renovación espiritual nacional. Por el contrario, la restricción de esta estructura puede decirse que fue la única causa para el gradual debilitamiento espiritual del Wesleyanismo.

---

[11] El significado exacto de este versículo es difícil de determinar. El contexto anterior parece involucrar enfermedad física, que a veces puede ser una disciplina de Dios para instarnos a arrepentirnos (ver 1Corintios 11:30-32). En este caso, el versículo 16 describiría cómo debemos responder a esa disciplina para que podamos ser físicamente sanados. Pero también es posible que en el versículo 16 Santiago está llegando a una conclusión más general, desde sus instrucciones específicas en los versículos 14 y 15. Él puede estar enseñándonos que la confesión mutua y la oración son algunos de los medios que Dios ha provisto para nuestra sanidad moral y espiritual.

[12] Ver Howard Snyder, The Radical Wesley (Downers Grove: InterVarsity Press, 1980), pp. 59, 60. Ver también A. Skevington Wood, The Burning Heart (Minneapolis: Bethany Fellowship, 1978), p. 192.

Crear un Ambiente para la Vida Corporativa Saludable

En Efesios 4:25 (NVI), Pablo dice "dejando la mentira, hable cada uno a su prójimo con la verdad". Este versículo no es una mera prohibición de mentirse mutuamente. Fundamentalmente, es un llamado a los cristianos a relacionarse los unos con los otros con verdadera transparencia en sus vidas. De toda la gente, los cristianos deben ser honestos los unos con los otros acerca de sus pecados y sus debilidades porque Dios, que conoce todos sus problemas, los ha aceptado. Como aquellos que hemos descubierto lo que significa relacionarse con Dios bajo la gracia, tenemos una base para relacionarnos los unos con los otros bajo la gracia, también. Desgraciadamente, los cristianos a menudo son más falsos entre sí que los no cristianos. Es común descubrir que los cristianos que han estado derrotados por meses o años, ninguno de sus amigos cristianos sabía acerca de esto porque ellos actuaban como si todo estuviera bien. La falsedad religiosa, una forma de hipocresía, es una "levadura" (Lucas 12:1) que fácilmente infecta y destruye las relaciones de amor que Jesús quiere que los cristianos experimenten. ¡Con razón Pablo les recordaba a los Efesios que evitaran esto como a la plaga!

Podemos argumentar que nos relacionamos de esta manera falsa porque tenemos temor de lo que nuestros amigos cristianos podrían hacer si fuéramos honestos. Esta es una excusa pobre. El Señor nos ha dicho que dejemos de lado la falsedad y hablemos la verdad. Si nuestros amigos nos rechazan, debemos compadecernos de ellos por su debilidad, pero aún tendremos a Cristo que nos sostiene. Aunque, más probable, ellos responderán con misericordia y tratarán de ayudarnos. También ellos pueden ser más abiertos acerca de sus propias luchas después de ver nuestro ejemplo.

¿Por qué los cristianos deberían practicar este tipo de vulnerabilidad los unos con los otros? Pablo nos da sus razones: "así nosotros… somos… miembros los unos de los otros". Él se refiere a la unión espiritual entre los cristianos. "también nosotros, siendo muchos, formamos un solo cuerpo en Cristo, y cada miembro está unido a todos los demás" (Romanos 12:5 NVI). Cuando los miembros de nuestros cuerpos físicos están heridos, éstos lo dan a conocer al resto del cuerpo. Los otros miembros de nuestro cuerpo físico contribuyen de varias maneras a la restauración del miembro herido. Si mi brazo tiene una infección, éste alerta al resto de mi cuerpo de su condición. Un miembro produce glóbulos blancos para combatir la infección; otros miembros ayudan a esos glóbulos blancos a llegar al lugar de la infección. Mi herida sana porque la herida se convirtió en un asunto corporativo. La misma forma de vida se aplica a la comunidad cristiana porque somos miembros del mismo cuerpo a través de nuestra unión con Cristo. Como un miembro que está sufriendo, soy responsable de contarles a los otros miembros y permitirles que me ayuden como mejor puedan (mientras continuamos buscando la ayuda directa del Señor también). El Señor responde a mi petición ayudándome directamente, y enviándome ayuda indirectamente a través de los otros cristianos. Sin embargo, su ayuda está basada en nuestra disposición a pedirla siendo abiertos acerca de nuestras luchas.

Con los años, he observado una clara correlación entre la vitalidad espiritual en un grupo cristiano y el nivel de sinceridad de sus miembros los unos con los otros acerca de sus pecados y debilidades. En algunos grupos, hay una franqueza refrescante entre los miembros en esta área. La gente no solo comparte los problemas pasados, sino que también ellos revelan sus luchas actuales. Se preguntan unos a otros con delicadeza, pero con libertad también acerca del estado espiritual los unos de los otros. Se dan los unos a los otros la libertad para preguntar acerca de las áreas de tentación, y agradecen a sus amigos por aprovechar esta libertad. Si bien ellos no toman el chisme como algo liviano, tampoco insisten en la estricta confidencialidad acerca de sus problemas porque ellos tienen una confianza básica que los otros miembros tienen su bienestar en mente.[13] ¡Hasta se recuerdan unos a otros en amor acerca de sus tendencias pecaminosas!

Alguien podría decir: "Relájate, Guille. Te estás poniendo inflexible con la gente de nuevo." O podrías escuchar a alguien decir: "Tú sabes que

---

[13] Ver el Apéndice 1 sobre confidencialidad.

tiendes a huir de los conflictos, así que no te acobardes de enfrentar a Sara". El resultado es una sensación refrescante y poderosa de honestidad y de realidad espiritual que ayuda a los cristianos a crecer. Este tipo de comunidad también atrae a los no cristianos que están buscando relaciones saludables. Por supuesto, aquellos que no desean autenticidad espiritual y verdadero cambio generalmente encuentran este ambiente amenazante. Paradójicamente, a menudo a los no cristianos les gusta mucho, mientras muchos que han sido cristianos por años a menudo huyen de ello, como si fuera un gas asfixiante.

En otros grupos, uno puede sentir que la gente es falsa unos con otros. Ellos se relacionan manteniendo las distancias, quizás cortésmente, pero no están dispuestos a admitir sus problemas. Los pecados permanecen ocultos hasta que son tan grandes que no se pueden negar, y entonces la gente a menudo se va por la humillación de verse expuesto. Los miembros no saben cómo responder cuando alguien es honesto. Hay vergüenza e incomodidad que efectivamente enseña a la gente a actuar como si todo estuviera bien. La gente se ofende si tú sacas a relucir sus tendencias pecaminosas o preguntas cómo están en esas áreas. Tienes la impresión que la gente está participando en un juego, y esto es exactamente lo que está pasando. Aquellos que quieren ayuda rápidamente aprenden a no ser honestos acerca de sus problemas, pero actúan como comportándose debidamente y tratan de resolver ellos mismos cómo superar sus luchas.

Guías Prácticas

¿Cuándo Confesar a Otros?

No hay una respuesta escritural clara a esta pregunta, pero hay algunos principios que podemos seguir. Cuando hemos dañado a alguien directamente, en general debemos reconocer este daño a ellos. Generalmente podemos resolver asuntos menores, como llegar tarde, con una simple disculpa. Las ofensas serias, como el robo o falta de honestidad, pueden requerir extensa revelación y pedir perdón. No es que los pecados más grandes requieran grandes pagos, esa es una forma legalista de relacionarse unos con otros. Más bien, el amor dicta que reconozcamos el impacto dañino que nuestras decisiones erróneas tienen en los demás. Muchos de nosotros tenemos una sensibilidad altamente desarrollada hacia los pecados de otros hacia nosotros, pero tenemos poca conciencia de cómo nuestras acciones afectan a otros. Esta es una perspectiva inmadura, y Dios quiere cambiarnos para que seamos más sensibles en cómo afectamos a otros y menos sensibles en cómo ellos nos afectan a nosotros. Cuando respondemos a la convicción de Dios confesando y disculpándonos por nuestros pecados, damos libertad al Espíritu Santo para llevarnos a la madurez en esta área crucial.

Cuando carecemos del entendimiento o la habilidad para ser libres de algún pecado, es sabio buscar la ayuda de otro cristiano. Recientemente, un buen amigo me confió que se había estado marchitando lentamente bajo un bombardeo de tentación sexual. A pesar de su resistencia, él había estado dando más y más lugar a las fantasías, y recientemente había retomado un viejo hábito de pornografía. Inicialmente él se había resistido a esta tentación tratando de alejarse de esos pensamientos. Cuando él miró una revista de pornografía, él se apropió del perdón de Dios y trató de seguir adelante. En la medida que sus caídas fueron más frecuentes, él se deprimió más. Me dijo que desde hace unas cuantas semanas, él sabía que debía confidenciarse conmigo acerca de esta lucha, pero parecía siempre haber buenas razones para no hacerlo. No quería ocupar mi tiempo; él necesitaba orar más; estaba demasiado ocupado para tomar tiempo para esto. Finalmente, cuando él se dio cuenta de que estaba razonando consigo mismo acerca de este asunto, él se dio cuenta de que él necesitaba confesar. Cuando me dijo de su lucha, no le ofrecí ni perspectiva ni consejo. Lo escuché, hice algunas preguntas, y reafirmé mi confianza en él. Después oramos juntos. Al sacar este pecado a la luz, Dios lo liberó de su poder y la esperanza volvió a su corazón. Ambos alabamos a Dios por su provisión de amistad cristiana.

¿Cuál es tu tendencia en esta área? ¿Tienes una conciencia hipersensible, exagerando respecto de tus pecados? ¿Luchas con el pensamiento de que Dios no te perdona a menos que hayas confesado a alguien y hecho algo para compensar por tus pecados? Muchos de nosotros tenemos tendencias legalistas como esta, y confesar nuestros pecados a otros puede ser perpetuar el hábito de tratar de pagar por tus pecados en vez de confiar en la promesa de Dios que él te perdona. Cuando este es el caso, puede ser mejor resistir el deseo de confesar. Sin embargo, la mayoría de nosotros tenemos la tendencia a esconder nuestros pecados y luchas. Les decimos a los demás acerca de nuestros problemas solo después de resolverlos más que contarlos mientras estamos luchando y cayendo. Si esta es tu tendencia, es saludable empezar a ser sincero acerca de tus luchas morales con tus amigos cristianos de manera regular. Si tienes dudas, ¿por qué no compartes tus luchas con otro amigo cristiano?

Hazte Responsable

La confesión bíblica siempre involucra hacerse responsable por las faltas morales. Como la confesión significa "decir la misma cosa" que Dios dice, esto involucra estar de acuerdo con él en que hemos pecado y admitirlo a aquellos a quienes lo estamos confesando. Si no hay admisión de la falta, no hay confesión.

"Me equivoqué". ¿Por qué estas dos palabras son tan tremendamente difíciles de pronunciar? ¿Por qué las excusas para permanecer en silencio parecen tan persuasivas? ("Ahora no es el momento, se lo diré luego".) ¿Por qué mitigar las circunstancias parece tan importante? ("Me sentí presionado cuando lo hice") ¿Por qué hay tanta presión interna para minimizar y racionalizar nuestros pecados? ("Si ella no hubiera sido tan desagradable, yo no hubiera tenido una aventura".) La razón más común es una forma legalista de relacionarse con los demás. El "legalismo" en este contexto significa basar nuestra aceptación en nuestro desempeño. Si me relaciono legalistamente con los demás, estoy creyendo que me aceptarán solo si me desempeño con sus estándares. Cuando no llego a ese nivel (como invariablemente lo hago), estoy en peligro de ser rechazado, y el rechazo es una de las experiencias humanas más dolorosas. Por esta razón, hay una gran presión para esconder o negar los errores, en especial de la gente cuya aceptación valoramos. Si vives de esta manera suficiente tiempo, puedes llegar a ser experto en esconder tus pecados de los demás. Sin embargo, paradójicamente, también llegarás a estar más y más solitario y temeroso de ser rechazado.

El antídoto de Dios es sorprendentemente simple. Se llama gracia. La gracia significa que Dios ofrece aceptarnos completamente aparte de lo que hacemos para él, y solamente por la obra terminada y perfecta de Cristo por nosotros. Cuando recibimos a Cristo, Dios nos acepta total y permanentemente a pesar de nuestro continuo fracaso en alcanzar su estándar. Esto significa que nuestra más importante relación, la que tenemos con Dios, está segura. Por eso, como vimos antes en este capítulo, debería ser relativamente fácil para los cristianos confesar sus pecados a Dios. Podemos ser honestos con Dios por su gracia, y la honestidad acerca de nuestros pecados promueve la intimidad saludable con él.

Esta es la misma razón por la que debería ser fácil que admitamos nuestros pecados delante de los demás. Dado que Dios nos acepta a pesar de nuestros pecados, ¿por qué deberíamos temer contarle a los demás? Si ellos nos rechazan, ciertamente esto nos dolerá, pero todavía Dios nos acepta y mantenemos la intimidad y vitalidad en nuestra relación con él. En realidad, nos damos cuenta de que experimentamos la aceptación de Dios aún más profundamente cuando nos arriesgamos al rechazo de los demás a través de la confesión, no importando cómo ellos respondan. Decir "Me equivoqué" a los demás llega a ser una forma de confiar en la gracia de Dios y experimentar su aceptación más profundamente.

Por lo tanto, nuestras confesiones a los demás deben estar libres de excusas y acusaciones. De hecho, pueden estar mitigando las circunstancias que nos facilitaron pecar, pero ese no es el punto. De hecho, la otra persona también puede haber pecado contra nosotros, pero ese es un asunto separado que podemos escoger sacar a relucir en otro momento. Porque estamos seguros en la aceptación de Dios, y porque el amor dicta la humildad y la honestidad, deberíamos claramente exponer la falta que cometimos y expresar bien por qué sabemos que fue doloroso. Aunque no siempre es necesario, preguntar: "¿Me perdonas?" es una forma de comunicar esta humildad y honestidad.

A veces, hacernos responsables involucra ofrecer restitución. En muchas situaciones, no es posible. Si he atacado verbalmente a mi amigo en ira, solo puedo disculparme y pedir perdón; no hay forma de reparar el daño de mis palabras. Sin embargo, si he destrozado su auto y he mentido al respecto, debería ofrecer pagárselo. Él puede escoger liberarme de esta obligación, pero una confesión sincera incluiría ofrecer una restitución financiera. A veces debemos insistir en hacer eso aún si la persona dice que no es necesario.

Antes de terminar este tema, una nota de precaución: la gente a veces se hace responsable por pecados que no ha cometido. Algunos cristianos enseñan que en situaciones de conflicto es más espiritual y bondadoso disculparse, aún si tú, honestamente, no crees que cometiste un error. Mientras la mayoría de nosotros debemos preocuparnos por nuestra tendencia a racionalizar, este consejo no es bíblico. Es tan erróneo hacerse responsable por lo que no hiciste como lo es rehusarse a hacerse responsable por lo que sí hiciste. Por esto es que la confesión está basada en la verdad, no en lo que es pragmáticamente ventajoso. En cambio, debemos apoyar lo que creemos es verdad y confiar en que Dios nos sostendrá a través de las consecuencias. Habría sido personalmente ventajoso para Martín Lutero retractarse de su "falsa enseñanza" acerca de que Dios nos justifica solo por la fe sin las obras, pero él rehusó hacerlo porque él estaba convencido de que su enseñanza era bíblica. Él arriesgó su vida para defender la verdad del evangelio cuando era más conveniente ceder. Como resultado, millones se han beneficiado del mensaje de la gracia. Nuestras elecciones para mantenernos en la verdad pueden no tener las mismas consecuencias que cambien el mundo, pero son cruciales para nuestra fidelidad al Dios que valora la verdad.

Ser Suficientemente Específico

A veces, queremos tranquilizar nuestras conciencias tanto como sea posible sin realmente venir a la luz. Así que reconocemos que hemos estado "luchando", pero nos volvemos imprecisos y evasivos si nuestros amigos nos preguntan qué está pasando. Quizás hacemos intentos a través de esas confesiones difusas, esperando que los demás nos ayuden. Sin embargo, si queremos recibir los beneficios de la confesión, debemos ser específicos acerca de nuestros pecados. "Últimamente me he alejado de Dios" no es una confesión. "He dado lugar al hábito de usar drogas" eso es abrirse.

Esto no significa que debemos ser morbosos o sensacionalistas. Un marido infiel debe ser específico acerca del alcance de su pecado sexual, pero entrar en todos los detalles de su encuentro adúltero no sirve para ningún propósito redentor. Él puede estar motivado por un deseo de castigar a su esposa o de expiar su propia conciencia culpable. Yo puedo necesitar admitir que he llegado a tener amargura hacia un amigo, pero no debo contar todos los detestables pensamientos que he tenido acerca de él. El ser lo suficientemente específico a veces también involucra expresar bien cómo nuestro pecado ha afectado negativamente a la otra persona y (posiblemente) la reputación de Cristo. Si no puedo explicar por qué no fue amar a mi amigo cuando le mentí, necesito reflexionar más.

Meditarlo de Antemano

En la famosa historia de Jesús acerca del Hijo Pródigo (Lucas 15:11-32), el hijo arrepentido se dio cuenta de su necesidad de confesar su pecado a su padre. Cuando él llegó a casa, él dijo: "Padre, he pecado contra el cielo y ante ti; ya no soy digno de ser llamado hijo tuyo; hazme como uno de tus trabajadores". ¡Qué bella expresión de humildad! Él se hizo totalmente responsable por sus acciones en vez de culpar a su padre o a otros. Él expresó bien su entendimiento de que su escoger violó el carácter de Dios e hirió a su padre. Él se lanzó a la misericordia de su padre y renunció a todo derecho sobre sus bienes.

Esta confesión no fue una declaración espontánea. Fue el resultado de una reflexión y cuidadosa preparación. Durante el largo camino a casa, el hijo pensó cuidadosamente qué necesitaba decir. "Me levantaré e iré a mi padre, y le diré: 'Padre, he pecado contra el cielo y ante ti'...". Para el momento cuando llegó a casa, él sabía exactamente qué quería decirle a su padre.

Algunos dicen que la confesión sincera debe ser espontánea, pero el hijo pródigo no estaría de acuerdo. Al tomar tiempo para meditar lo que él quería decir a su padre, lo pudo hacer de manera más efectiva. Muchas veces su ejemplo me ha sido útil. No pienso muy bien a la rápida. Especialmente cuando los asuntos son personales y dolorosos, a menudo olvido cosas y pierdo el rumbo. Al prepararlo de antemano, puedo determinar lo que necesito decir. A veces me pillo a mí mismo poniendo excusas por mis pecados, o deslizando un sutil golpe a la otra persona. ¡Yo preferiría captar eso de antemano de manera de no soltarlo en el momento! Hasta tomaría notas para recordarme en caso de ponerme nervioso y se me olvide lo que quería decir. Puede que esta no sea la forma más natural de comunicarse, pero ser natural no es el objetivo. Ser honesto y preciso es el objetivo, y la preparación ayuda.

Preguntas para el Debate:

1. Muchos cristianos evitan la confesión porque ellos temen que los otros no los van a respetar más. ¿Cómo responderías a esta línea de pensamiento?

2. ¿Cuál es la conexión entre la gracia de Dios y la confesión de tus pecados a los demás? ¿Por qué la gente que evita la confesión a menudo tiene perspectivas legalistas de la aceptación de Dios?

3. Comparte un ejemplo específico de cuando tú confesaste un pecado a otro cristiano. ¿Cuál fue el resultado? ¿Cómo afectó esto tu relación con la otra persona? ¿Cómo afectó esto tu relación con Dios?

7 – Perdónense los Unos a los Otros

> *Más bien, sean bondadosos y compasivos unos con otros, y perdónense mutuamente, así como Dios los perdonó a ustedes en Cristo*
> *(Efesios 4:32 NVI).*

Si amas a la gente y realmente te involucras con ellos, ¡puedes contar con el hecho de que te van a decepcionar, ofender, traicionar y herir! Esta es una consecuencia inevitable de relacionarse estrechamente con personas pecadoras. Eventualmente, tendrás que escoger, dejar de relacionarte con la gente, o aprender a perdonar. Esta es una razón por la cual Jesús y los apóstoles insisten en que el perdón es el centro del amor cristiano. Es una expresión de amor, y nos capacita para seguir amando. El perdón es una de las dimensiones más poderosas y liberadoras de la vida cristiana, pero también puede ser confusa. Comencemos a estudiar el perdón, mirando su alternativa.

La Alternativa al Perdón: la Amargura

En Efesios 4:32 (RVA-2015), Pablo nos llama a "Más bien, sean bondadosos y misericordiosos los unos con los otros, perdonándose unos a otros..." Esta es la alternativa de Dios a la amargura (vs. 31), que está vinculada con "... amargura, enojo, ira, gritos y calumnia, junto con toda maldad". La amargura es ira retributiva prolongada hacia otra persona por una ofensa cometida.

La *ocasión* para la amargura siempre es una ofensa cometida.[14] Muchos tipos de ofensas pueden ser la ocasión para la amargura. Generalmente, mientras más íntima es la relación o más atroz la ofensa, más probable que lucharemos con la amargura hacia el ofensor. La lista es larga porque la gente es increíblemente creativa en su habilidad para herirse unos a otros: abuso sexual, infidelidad conyugal, humillación pública, disciplina paterna injusta, abandono de relación, favoritismo. Uno puede llegar a tener amargura aún sin haber soportado una ofensa personal. Podemos "apoyar la ofensa" de otra persona que es cercana a nosotros y escoger odiar a la gente que nunca nos ha dañado. [15]

"Estoy molesto con Jorge porque él me humilló. ¡Si él te hubiera humillado, también lo odiarías!" Este es el lenguaje de un determinista. La declaración humillante de Jorge me ha amargado. Si él te hubiera humillado, no tendrías opción sino amargarte. Sin embargo, mientras la ofensa siempre es la ocasión para la amargura, nunca es la causa. De acuerdo a la Biblia, la amargura es una respuesta que se escoge a la ofensa. Esto explica por qué dos personas diferentes pueden experimentar la misma ofensa, pero una se amarga mientras que la otra no. La razón para esto, no es que una persona sea más susceptible a la amargura que la otra (como si la amargura fuera un virus). Más bien, una persona escoge responder adecuadamente a la ofensa mientras que la otra escoge responder equivocadamente. Es doloroso aceptar este hecho cuando estás amargado, pero también proporciona el camino a la liberación, como veremos.

La Media Verdad que Es Toda una Mentira

---

[14] A veces la ocasión de amargura es una ofensa imaginada, algo que la persona amargada percibe como una ofensa, pero que no ocurrió, o que la Palabra de Dios no condena. Por ejemplo, algunos niños tienen amargura hacia uno de sus padres porque su otro padre mintió acerca de su carácter. Algunos niños tienen amargura hacia sus padres porque fueron disciplinados por causas justas, pero rehúsan reconocer su mal comportamiento. En el caso de la amargura por ofensas imaginadas, la solución no es el perdón, sino reconocer que no hubo ofensa.

[15] Salomón nos advierte de no hacer esto. "Como el que toma un perro por las orejas, así es el que pasa y se entremete en contienda que no es suya" (Proverbios 26:17). "No contiendas con nadie sin motivo, si no te ha hecho daño" (Proverbios 3:30).

¿Cuál es la mentira que la gente amargada cree? Que ellos tienen el derecho a la retribución; el derecho a vengarse por la ofensa. En lo profundo del corazón humano yace la conciencia de que alguien tiene que pagar. Tenemos una convicción profundamente arraigada de que la gente debe pagar por herir a otros. Esta convicción es correcta. Fue puesta en nuestros corazones por un Creador que odia el pecado porque ofende su carácter y destruye a las criaturas que él ama. Sin embargo, está mal que nosotros nos atribuyamos el derecho a dar la retribución exacta, porque Dios se reserva este derecho exclusivamente para él. Por eso Pablo dice: "No tomen venganza, hermanos míos, sino dejen el castigo en las manos de Dios, porque está escrito: «Mía es la venganza; yo pagaré», dice el Señor" (Romanos 12:19 NVI). Cuando sentimos enojo por el pecado de alguien contra nosotros, estamos funcionando como Dios nos diseñó. Por eso Dios dice que es tan importante el enojo sin pecar (Efesios 4:26). Cuando escogemos vengarnos por las ofensas de las personas, no obstante, estamos usurpando la prerrogativa de Dios. Estamos jugando con Dios; lo que es aún una ofensa más seria.

¿Cómo se ve la Amargura?

Dado que la amargura es ira retributiva prolongada, siempre se traiciona a sí misma en pensamiento y comportamiento, diseñados para vengar la ofensa. Mucha gente, ignorante de la prohibición de Dios acerca de la amargura, hacen este intento abiertamente. Ellos vociferan su odio, planean su venganza, y luego se jactan de ello con los demás. El tema de la venganza es uno de los argumentos más populares en la literatura y el cine, precisamente porque la mayoría de la gente piensa que está bien quedar a mano. En cierto sentido, es más fácil tratar con esta amargura abierta, porque está expuesta. Si sé que odio a alguien, entonces una vez que sé que Dios quiere que yo cambie de actitud, puedo comenzar a cooperar con él para perdonar.

Muchos cristianos niegan que están amargados porque ellos saben que Dios prohíbe la amargura. "Yo sé que Dios dice que está mal estar amargado, así que no estoy amargado". Cuando tenemos amargura escondida en nuestros corazones, sus síntomas son sutiles, pero todavía se manifiestan si sabemos dónde buscar.

Mantendremos el derecho a desquitarnos con el ofensor cultivando ciertos hábitos mentales. Podemos repasar la ofensa en nuestras mentes una y otra vez. Este recuerdo se vuelve una opción por defecto al cual nos dirigimos cuando nuestras mentes no están ocupadas por otras cosas. También quizás rumiemos las consecuencias negativas de la ofensa en nuestras vidas: "¡Pasé tres años para salir de las deudas porque él me despidió injustamente! Fue horrible no poder comprar los regalos que quería para mis hijos. ¡Usé las ropas hasta que se rompieron!" Con el tiempo, aprendemos a aferrarnos y acariciar ese tipo de recuerdos como tesoros pervertidos. Como resultado, generalmente desarrollamos una perspectiva negativa no realista del ofensor. Al enfocarnos desmesuradamente en su ofensa, magnificamos sus malas cualidades y gradualmente perdemos la habilidad de reconocer sus buenas cualidades. Nuestra percepción de la persona llega a ser más y más distorsionada, por lo que él llega a ser la antítesis de todo lo que es bueno y amable; el enemigo que ha arruinado mi vida.

No importa cuánto esfuerzo hagamos para esconderlo, también expresaremos inevitablemente este derecho a vengarnos. Cuando Dios abre nuestros ojos para verlo, esto puede ser extremadamente doloroso. Nos regocijamos cuando el ofensor fracasa o experimenta adversidad. ¿Por qué? Porque está obteniendo lo que se merece. Por el contrario, no podemos regocijarnos cuando él tiene éxito o prospera. En vez de eso, nos enojamos porque él está librándose injustamente.[16] Tenemos un excesivo deseo de criticar al ofensor. Cuando su nombre sale en la conversación, sentimos un fuerte deseo de lanzar algo negativo. Si la conversación ya es negativa, la hacemos aún más. Si es positiva, traemos a la gente a la realidad recordándoles las faltas del ofensor.

---

[16] "No te regocijes cuando caiga tu enemigo, y no se alegre tu corazón cuando tropiece" (Proverbios 24:17 NVI).

Desarrollamos un sentido de radar para encontrar a otros que están amargados hacia la misma persona. -Hay un perverso y exquisito deleite en sentir lástima junto con otro que piensa parecido y que odia la maldad del ofensor en común. Una vez, yo noté que cuando una amiga se juntó con su hermana, casi inmediatamente comenzaron a hablar negativamente de su padrastro. Este tema invariablemente dominaba sus conversaciones. Ellas parecían alimentarse la una a la otra, aun cuando esas conversaciones las dejaban exhaustas y deprimidas. Ella estaba esclavizada por este hábito, pero estaba ajena a esto hasta que se lo señalé.

Algunas personas amargadas dedican mucho de sus pensamientos a fantasías de venganza. Dichas fantasías pueden involucrar simplemente dar al ofensor una buena reprimenda; otros son mucho más violentos. Es fácil ver por qué Jesús conectó el odio con el asesinato, la vasta mayoría de los homicidios en los Estados Unidos son simplemente la extensión de los pensamientos amargos y de odio nutridos por el tiempo. Sin embargo, generalmente, nos vengamos en una variedad de maneras más sutiles. Algunos explotan con asuntos relativamente menores porque esto les da una "razón" para vomitar la ira que han estado gestando por meses o años. Otros pueden escoger dar al ofensor el trato del silencio o empeñarse en una rebelión pasiva; y entonces negar que ellos están enojados cuando les preguntan. Incluso otros, se vuelven adeptos a provocar al ofensor hasta que se enfada, porque esto provee justificación adicional para seguir odiándolo. Algunos simplemente rompen la relación sin ninguna explicación.

Las Consecuencias de la Amargura

Las personas amargadas están hiriendo a sus ofensores para pagarles de vuelta, pero ocurre una trágica ironía. Al vengarse, ellos se hieren a sí mismos más de lo que ellos hieren a sus ofensores. Aún peor, ellos se hieren a sí mismos mucho más de lo que sus ofensores los hirieron originalmente. Como un observador astuto dijo: "¡Dar lugar a la amargura es como dispararte a ti mismo para pegarle a tu ofensor con la culata de tu arma!" Considera las consecuencias de usurpar la prerrogativa de Dios.

Las Consecuencias Emocionales

La amargura envenenará tu vida emocional. Parece haber una conexión entre la amargura y la depresión. Mucha gente amargada se queja de depresión crónica inexplicable. Ellos no parecen tener la resiliencia emocional a las adversidades circunstanciales que una vez tuvieron. Dios evidentemente nos diseñó para tener una reserva emocional que actúa como un amortiguador frente a las circunstancias adversas. Llenamos esta reserva emocional principalmente cultivando la gratitud hacia Dios y practicando el amor hacia los demás. Por el contrario, cultivar y mantener la amargura, requiere energía emocional y, por lo tanto, pone un verdadero drenaje en nuestras reservas emocionales. En consecuencia, la gente amargada, a menudo, se deprime fácilmente.[17]

Las Consecuencias Relacionales

Cuando tenemos amargura hacia otra persona, generalmente pensamos que nuestra amargura afectará negativamente solo esa relación. Pensamos que podemos tolerar este pecado en nuestras vidas y hasta aislar sus efectos destructivos, pero dar lugar a la amargura obstaculizará tremendamente nuestra habilidad para desarrollar y sostener cualquier relación saludable.

Algunas personas parecen tener un resentimiento fluctuante. Por ejemplo, su verdadera amargura puede estar arraigada en su actitud hacia los padres que repetidamente les humillaron. Ellos pueden vivir a miles de kilómetros de sus padres, pero estallar con increíble enojo cuando alguien los avergüenza. Esto obviamente obstaculiza su

---

[17] Esto no es para sugerir que la amargura es la única causa de depresión. Hay muchas otras causas, incluyendo el desequilibrio químico. Aquellos que experimentan depresión crónica o severa deben buscar ayuda profesional para descubrir la(s) causa (s) de su depresión.

habilidad para desarrollar y sostener amistades cercanas porque la vergüenza es inevitable en este contexto.

La amargura de larga duración tiene una forma de envenenar tu personalidad con negatividad. La gente amargada tiende a ser cínica y llena de autocompasión. Con el tiempo, estas actitudes destructivas pueden incluso afectar la forma en que la gente habla y se comporta. Ellos desarrollan un tono de voz enojado o una desagradable expresión facial, o hasta una postura corporal hostil. Muchos de nosotros hemos conocido gente cuyos modales comunican que ellos son personas profundamente enojadas. Trágicamente, esas personas tienden a repeler a otros, y entonces se vuelven más amargadas contra los demás porque les rechazan.

La mayoría de la gente amargada se queja de que sus ofensores han usado su poder para herirlos o controlar sus vidas. En la mayoría de los casos, esto es verdad. El ofensor sexual, el padre dominante, el cónyuge abusivo todos han usado su posición de autoridad o de confianza para aprovecharse de su víctima. La ironía trágica es que la amargura perpetúa e incrementa el control de nuestro ofensor sobre nosotros. Mientras más inmersos estamos en repetir su ofensa y expresar nuestra revancha, más les dejamos que dominen nuestras vidas.

Por eso la gente amargada a menudo tiende a ser como sus ofensores en ciertos aspectos claves. Fuimos víctimas de su enojo abusivo, pero luego nosotros somos abusivos en nuestro propio enojo. Fuimos víctimas de su comportamiento controlador, pero luego nosotros somos excesivamente controladores en nuestras relaciones con los demás. De manera misteriosa, la amargura nos reduce al nivel de la gente que odiamos. Al usurpar el rol de Dios para juzgar a nuestros ofensores, nos pareceremos a las mismas personas que estamos juzgando.

Las Consecuencias Espirituales

El privilegio más precioso de la vida cristiana es disfrutar de una relación cercana con un Dios perdonador. Si bien la amargura no causará que Dios nos rechace, eventualmente nos robará la habilidad de disfrutar nuestra relación con él. Considera la advertencia de 1Juan 2:9-11 (NVI) "El que afirma que está en la luz, pero odia a su hermano, todavía está en la oscuridad. El que ama a su hermano permanece en la luz, y no hay nada en su vida que lo haga tropezar. Pero el que odia a su hermano está en la oscuridad y en ella vive, y no sabe a dónde va porque la oscuridad no lo deja ver".

La amargura produce ceguera espiritual porque es profundamente hipócrita. Los cristianos son los receptores de un increíble perdón. Somos culpables delante del Dios santo que tiene una causa justa para rechazarnos y condenarnos para siempre. Al igual que el hombre en la parábola de Jesús, esperamos que otros paguen sus deudas con nosotros mientras que nosotros ya tenemos perdonadas nuestras deudas mayores. Insistimos en el derecho a vengarnos de nuestros ofensores, pero queremos disfrutar de los beneficios de ser perdonados por Dios.

Esta dualidad en el pensamiento es extrema. Si escogemos retener nuestro derecho a odiar a otros, estamos renunciando al privilegio de experimentar la misericordia y la bondad de Dios. Cuando cortamos esta conexión crucial entre recibir el perdón de Dios y extenderla a otros, nos paralizamos. Nuestras vidas cristianas dejarán de ser lo que una vez fueron cuando permitíamos que la maravilla de la misericordia de Dios por nosotros se derramara en los demás.

¿Qué es el Perdón?

Hay solo dos barreras para el perdón. Una es simplemente no estar dispuesto, que es algo que cada uno de nosotros puede decidir cambiar. La otra es no entender lo que es el perdón bíblico. El perdón puede ser confuso, y las malas interpretaciones de las Escrituras y otras ideas culturales erróneas han distorsionado su significado. A medida que vamos aclarando el enfoque de la perspectiva del perdón de Dios, fíjate en qué temas son conceptos erróneos para ti y cuáles tienen que ver con no estar dispuesto.

PERDÓN NO ES:	PERDÓN ES:
Desestimar la responsabilidad moral del ofensor	Desestimar el derecho a venganza y asumir la responsabilidad de amar
Principalmente un sentimiento	Principalmente una elección basada en la verdad
Olvidar la ofensa	Decidir no usar la ofensa de maneras retributivas

PERDÓN NO ES:	PERDÓN ES:
Un evento de una vez por todas	Una decisión que a menudo debe ser reafirmada
Acordar confiar en una persona no confiable	Estar dispuesto (cuando sea apropiado) a permitir al ofensor reconstruir una confianza responsable
Tolerar pasivamente el abuso futuro	Ejercer medidas disciplinarias con intenciones redentoras
Lo mismo que la reconciliación	Estar dispuesto a trabajar hacia la reconciliación

Idea Errónea #1: El Perdón Significa Desestimar la Responsabilidad Moral

Algunas personas tratan de lidiar con su amargura recurriendo a una forma de determinismo popular. Nuestros ofensores cometieron actos dolorosos, pero ellos no son responsables porque ellos mismos son las víctimas de otras personas y circunstancias. Si podemos convencernos de que nuestros ofensores no pudieron evitar lo que hicieron, quizás no tengamos que enfrentar el dolor de la ofensa y la responsabilidad de perdonar. Brevemente, es una forma de evadir la realidad, escondiendo nuestras cabezas en la arena como el avestruz, en vez de lidiar con el problema.

La Palabra de Dios concuerda en que nuestro medio ambiente nos puede influenciar, pero hay una diferencia crucial entre la influencia y el determinismo. Los cristianos tienen una base para la empatía genuina hasta por los criminales más malvados. Debido a la Caída, todos nosotros tenemos una inclinación interior hacia el mal que nos hace susceptibles a la tentación externa. En un reciente programa de televisión, un periodista entrevistó a dos de las mujeres que mataron para Charles Manson. Mientras yo escuchaba su explicación de cómo ellas se convirtieron en asesinas sin misericordia tomando una serie de malas decisiones, me di cuenta de que yo podría haberme enrollado en el mismo horrible estado. Al igual que ellas, me rebelé contra mis padres. Al igual que ellas, mis actitudes rebeldes me atrajeron hacia gente inmoral. Al igual que ellas, alteré mi mente con drogas. Al igual que ellas, cauvatericé mi conciencia cuando escogí hacer cosas que yo sabía que estaban mal. ¿Cómo le hubiera respondido yo a Charles Manson si le hubiera conocido en ese punto de mi vida? Mientras yo escuchaba a estas dos mujeres expresar aparente remordimiento genuino por sus crímenes, mi corazón se conmovió en compasión por ellas. Me quedé impactado al escuchar el comentario del abogado de la fiscalía: "Estas mujeres eran diferentes a ti y a mí. Nosotros nunca podríamos haber hecho lo que ellas hicieron. Ellas eran malas en sus corazones de una manera que tú y yo nunca podríamos". Estas palabras no solo hablan de una falta de compasión, sino también de una ceguera arrogante hacia la maldad de su propio corazón.

Sin embargo, la empatía y la compasión deben separarse del determinismo. Puedo identificarme con estas dos mujeres porque yo también soy un pecador, pero esto no quita su responsabilidad de lo que ellas hicieron. A cierto nivel, sus voluntades estaban operativas en todos sus crímenes, y ellas se pusieron bajo la influencia creciente de Charles Manson porque escogieron darle la espalda a lo que sabían que era lo correcto. Decidir que ellas no eran responsables por sus acciones crea una secuencia interminable de víctimas (incluyendo Charles Manson). Ese pensamiento reduce a los seres humanos a meros robots, completamente programados por su medio ambiente y, por lo tanto, incapaces de amar e incapaces de odiar.

El perdón bíblico siempre insiste en la responsabilidad personal moral, pero transfiere el derecho de retribución al Único a quien pertenece este derecho. Cuando yo perdono a un ofensor, yo no decido que él no pudo evitar lo que me hizo. Más bien, yo decido que no debo vengarme. Dios solo tiene este derecho porque todo pecado es primero que nada un acto de rebeldía contra él, y porque él es el único Juez moral competente. Al transferir este crimen a una corte más alta, no estoy anulando la justicia; estoy cooperando con la perfecta justicia de Dios.

Idea Errónea #2: El Perdón es Principalmente un Sentimiento

Muchos sentimientos intensos pueden acompañar al perdón: la tierna compasión puede reemplazar a la ira furiosa, el deseo de reconciliación puede reemplazar al frío aislamiento. Tal como la amargura envenena nuestra vida emocional, el perdón la afecta positivamente. El Espíritu de Dios puede abrir nuestros ojos para que veamos a nuestros ofensores con su misericordia. Tiene la capacidad de limpiar nuestros corazones para que podamos ir a nuestros ofensores deseándoles el bien. El perdón genuino es un milagro de la gracia de Dios que afecta nuestra vida emocional.

Sin embargo, la Biblia describe el perdón principalmente como una elección basada en la verdad, no como un sentimiento. Dios no dice "siente misericordia", él dice "muestra misericordia porque yo te mostré misericordia". Puedo escoger en contra de mis sentimientos para rendir mi derecho a exigir venganza, porque es la única respuesta consistente para un pecador malvado que ha recibido el perdón de Dios. De la misma manera puedo escoger en contra de mis sentimientos para servir a mi ofensor en amor. Es verdad, Dios debe darme el poder para hacer esto, pero él promete hacerlo cuando me vuelvo hacia él en oración, confianza y obediencia.

La mayoría de los cambios emocionales positivos asociados con el perdón son el resultado de esta elección. Si espero a sentirme bien con mi ofensor para perdonarlo, probablemente espere para siempre. Además, el cambio en mis sentimientos hacia mi ofensor puede ser gradual. Esto no necesariamente significa que no he perdonado; solo puede significar que mis emociones no se han encontrado con mi elección todavía. Las acciones son un indicador mucho más confiable. ¿Estoy alejándome de los pensamientos negativos que surgen de mi mente? ¿Estoy rehusándome a seguir las palabras y acciones dolorosas que a veces estos sugieren? ¿Estoy escogiendo orar por él y tratarlo con la correspondiente amabilidad?

Idea Errónea #3: El Perdón Es un Evento De-Una-Vez-Por-Todas.

¿Has decidido alguna vez perdonar a alguien y después, más tarde, darte cuenta que necesitabas perdonarlo de nuevo? Muchos cristianos concluyen de esto que su perdón original debe haber sido falso. Ellos piensan que, si ellos verdaderamente hubieran perdonado, su perdón sería como el de Dios, completo y permanente.

Aunque nuestro perdón debe ser como el de Dios en muchos aspectos, este no es uno de ellos. En primer lugar, Dios conoce todo el alcance de nuestros pecados cuando él nos perdona. Sin embargo, nosotros a veces aprendemos progresivamente acerca del alcance de los pecados de nuestros ofensores contra nosotros. Una víctima de violación puede aprender que su infertilidad es una consecuencia del abuso físico de su ofensor. Este nuevo conocimiento conlleva otra decisión de perdón, esta vez a un nivel más profundo. Los ofensores pueden repetir sus ofensas en diversos grados, y podemos escoger retirar el perdón que previamente habíamos dado. El punto aquí es que, aunque el perdón es una elección existencial, en muchos casos se ve más como un proceso continuo que como una crisis que ya pasó. En vez de empeñarnos en una introspección acerca de la autenticidad de nuestra elección original de perdonar, haríamos mejor si escogemos perdonar nuevamente y seguir en nuestro caminar con Dios.

Idea Errónea #4: El Perdón Es Olvidar la Ofensa

Muchos cristianos dicen "perdonar y olvidar". Ellos dicen, si tú realmente has perdonado a alguien, nunca pensarás en cómo él pecó contra ti. Si tú sigues pensando en ello, es la prueba de que nunca lo perdonaste realmente.

Esta perspectiva errónea del perdón se deriva de la mala interpretación de Jeremías 31:34 NVI, donde Dios dice: "Yo les perdonaré su iniquidad, y nunca más me acordaré de sus pecados". El punto aquí es que Dios no borra literalmente nuestras ofensas de su conocimiento. Dios es omnisciente, él conoce (y recuerda) todo. Más aún, él disciplina a los cristianos por su interés amoroso en nuestro bien, y esta disciplina presupone que él toma nota de nuestros pecados. Más bien, Jeremías 31:34 significa que Dios nunca más recordará nuestros pecados nuevamente; él nunca los usará para condenarnos o rechazarnos, porque él ya satisfizo la ira de su justicia con nuestros pecados a través de la muerte de Cristo (1Juan 2:2).

El perdón bíblico significa renunciar al derecho de enfocarse en las ofensas pasadas como una excusa para odiar al ofensor o planear venganza. También significa escoger no usar estas ofensas contra la persona en el futuro a través de recordatorios, chismes, y otras formas de represalias. Puede ser necesario hablar acerca de la ofensa a veces, pero la motivación para hacerlo no será la retribución.

¿Qué esperas experimentar con respecto a tu recuerdo de las ofensas perdonadas? Debido a que has renunciado al derecho a desquitarte de la persona, ya no recordarás a propósito ni rumiarás la ofensa. Por lo tanto, en general, estará cada vez menos presente en tus pensamientos. Aunque, esto no significa que los recuerdos de la ofensa nunca emergerán en tu mente.   Diversos eventos (conversaciones, sueños, recuerdos relacionados) pueden desencadenar tus memorias, a veces con alarmante intensidad emocional. Cuando esto ocurra, no debes enfocarte en el hecho de que tú recordaste la ofensa o experimentaste emociones negativas junto con el recuerdo. Más bien, debes enfocarte en cómo responderás a este. No hay razón para culparte por tener este recuerdo, no tenías control de él.   Lo mejor que puedes hacer es enfrentar este recuerdo con otros dos: el recuerdo del perdón de Dios para ti y el recuerdo de tu elección de perdonar a tu ofensor. Luego, escoger seguir adelante poniendo tu mente en algo que es verdadero y bueno.

Idea Errónea #5: El Perdón Significa Confiar en Una Persona No Confiable

Mucha gente no está dispuesta a perdonar a sus ofensores porque ellos piensan que el perdón es sinónimo de confianza. Si tú perdonas a alguien, esto significa que debes confiar en él aun cuando no sea confiable. ¿Perdonar a un agresor sexual significa que tú confías en él para que cuide a tus hijos? ¿Perdonar a un miembro que ha robado en la iglesia significa que le permites que recoja la ofrenda? ¿Perdonar la deshonestidad de alguien significa que sigues creyendo todo lo que él dice?

Perdonar y confiar, aunque están relacionadas, no obstante, son distintas.   El perdón se relaciona con una ofensa pasada.   Escoge aceptar las consecuencias dolorosas y deja libre al ofensor de la retribución. Por lo tanto, el perdón es algo que escogemos dar libremente, sin condiciones. Sin embargo, la confianza se relaciona con el presente.   Es una medida de la seguridad que tenemos en la veracidad de la persona. La confianza se gana. Por eso precisamente hablamos de que la gente es "digna de confianza", ellos han probado ser dignos de nuestra confianza en un área por su desempeño fiable. Confiar en una persona no confiable no es espiritual; es ingenuo o tonto (puedes quemarte), es irresponsable (otros puedes salir heridos), y falto de amor o indiferente (rehúsas a disciplinar al ofensor).

Entonces, es posible y frecuente dar a alguien el perdón, mientras todavía insistir en que él o ella se gane nuevamente tu confianza. Aquellos que insisten en que confíes en ellos solo porque ellos admitieron sus pecados son especialmente sospechosos, porque probablemente ellos no harían lo mismo si estuvieran en tus zapatos. Después de confesar que les había estado mintiendo por años, mis padres me perdonaron, pero ellos no confiaron en mi palabra por mucho tiempo después. Mi respuesta inicial e inmadura fue el enojo. Después de todo, yo estaba genuinamente arrepentido de mi mentira y ahora estaba diciéndoles la verdad. Sin embargo, después de reflexionar, me di cuenta de que ellos podían evaluar mi corazón solo por mis acciones, y mis acciones les decían a ellos claramente que yo no era confiable. Su desconfianza era válida, y me enseñó a valorar más su confianza.

De la misma manera, cuando la gente traiciona las responsabilidades importantes en el ministerio, debemos perdonarles con libertad. Sin embargo, seríamos irresponsables si les permitimos reanudar estas responsabilidades hasta que ellos demuestren arrepentimiento estableciendo un registro probado de fiabilidad en esta área.

El perdón bíblico es diferente de la confianza, pero a menudo involucra la disposición a permitir al ofensor reconstruir la confianza responsable. El perdón mantiene sus ojos abiertos, pero desea ver restauración de esta importante parte de la relación. Después de quemarnos, quizás decidamos nunca volver a confiar nuevamente en los ofensores en cualquier área, no importa lo que hagan para cambiar. En este punto, la negativa a confiar ha llegado probablemente a ser retributiva.

Idea Errónea #6: El Perdón Significa Tolerar Pasivamente Una Futura Herida

Algunos cristianos ven el perdón como adoptar una postura de limpiapiés hacia el ofensor. La idea de presentar cargos contra un cónyuge físicamente abusivo, por ejemplo, parece a algunas personas incompatible con extender perdón. Como el perdón significa no desquitarse con la persona, ¿significa esto que no debiéramos hacer experimentar a nuestros ofensores cualquier consecuencia negativa por sus pecados? Mucha gente es rápida para promover esta perspectiva y así seguir aprovechándose de otros, pero dicha perspectiva es una seria distorsión del perdón bíblico.

De acuerdo a la Biblia, el perdón es una expresión de amor, y el amor que extiende perdón también disciplina. Está dispuesto a confrontar a los ofensores, para permitirles experimentar las consecuencias naturales de sus pecados, y hasta concebir las consecuencias creativamente para influenciar sus vidas para bien. Jesús escogió darse a sí mismo a sus captores porque era la voluntad de Dios para él morir por nuestros pecados, pero él nunca permitió que la gente lo atropellara solo porque ellos quisieran hacerlo. Él "sintió un amor" por el joven rico, y por esto él expuso su amor al dinero (Marcos 10:21). Él dijo a los Laodicenses: "Yo reprendo y disciplino a todos los que amo. Por lo tanto, sé fervoroso y arrepiéntete" (Apocalipsis 3:19 NVI).

El mismo Pablo dice: "No tomen venganza, hermanos míos, sino dejen el castigo en las manos de Dios... No te dejes vencer por el mal; al contrario, vence el mal con el bien" (Romanos 12:19-21 NVI) y continúa informando a los cristianos que el gobierno civil "está al servicio de Dios para impartir justicia y castigar al malhechor" (Romanos 13:4 NVI). Dios prohíbe tomar venganza, pero reconoce que los cristianos pueden recurrir a la policía para protegerlos de los ladrones. Mientras algunas personas usan las autoridades civiles para tomar venganza hacia sus enemigos, podemos involucrar a las autoridades en amor hacia el ofensor como una expresión de disciplina cuando otras disciplinas menores han fallado.

Idea Errónea #7: El Perdón Es Lo Mismo que la Reconciliación

Un autor define el perdón auténtico como "el reconocimiento mutuo que el arrepentimiento es genuino y que las relaciones correctas se han logrado." [18] En esta perspectiva, el perdón es un sinónimo de reconciliación. Dejar de lado el derecho a la retribución y reasumir la responsabilidad para amar son los primeros pasos hacia el perdón, pero hasta que ambas partes no hayan resuelto sus asuntos, no se hayan arrepentido de sus pecados, y ni hayan restaurado su relación, el perdón no habrá ocurrido.

Si bien esta perspectiva es admirable por su énfasis en restaurar relaciones distanciadas, es incorrecta. La reconciliación es la restauración de una relación porque ambas partes han resuelto la enemistad que las separaba. Por lo tanto, siempre es bilateral. Ambas partes deben estar dispuestas a reconciliar una relación. Como muchos divorciados saben por dolorosa experiencia, un cónyuge que está dispuesto a perdonar y a trabajar en el matrimonio no es suficiente para asegurar su éxito. Por el contrario, el perdón es una decisión unilateral de liberar a un ofensor de mi retribución. Podemos perdonar a otros sin importar si ellos alguna vez se arrepienten o acuerdan trabajar en su relación con nosotros.

La reconciliación es normalmente un objetivo del perdón, y el perdón es una condición para la reconciliación, pero no son lo mismo. Pablo hace esta distinción en la manera en que Dios trata con nosotros. En 2Corintios 5:19 NVI, él dice que, a través de la muerte de Cristo, Dios ha dado el perdón a toda la gente ("no tomándole en cuenta sus pecados"), aún a los no cristianos. Sin embargo, él continua para apelar a aquellos que no han recibido este perdón a "que se reconcilien con Dios" (2Corintios 5:20 NVI). Porque Dios ha dado el perdón, es posible la reconciliación, pero no ocurre a menos que escojamos recibir su perdón y de ese modo, seamos re-unidos con él. Si escogemos continuar con nuestra rebeldía contra él y negar nuestra necesidad de su perdón, permanecemos separados de Dios y justamente bajo su juicio.

---

[18] David W. Augsburger, The Freedom of Forgiveness (Chicago: Moody Press, 1988).

¿Qué significa si tú dices que has perdonado a alguien, pero no deseas reconciliarte con él? Depende. En un mundo caído, las relaciones a veces se rompen sin remedio. Por ejemplo, la muerte física puede evitar la reconciliación permanentemente. Sin embargo, por la gracia de Dios, podemos perdonar aún a estas personas y como resultado seguir adelante con nuestro camino. Si tu resistencia se debe a su negativa a arrepentirse, tu posición puede justificarse. En este caso, puedes simplemente decir que te niegas a actuar como si el asunto está resuelto, cuando no lo está. Sin embargo, si no estás dispuesto a considerar la reconciliación de cualquier tipo sin importar su demostrado arrepentimiento, puedes haberte engañado a ti mismo en cuanto a haberlo perdonado.

Conclusiones

¿Te ha convencido Dios de amargura no resuelta, mientras leías este capítulo? Si es así, por favor, responde a su convicción diciéndole a él que estás dispuesto a perdonar, no importa lo que implique. Al adoptar esta postura delante de Dios, él te mostrará qué pasos específicos necesitas dar, y tú cosecharás el beneficio de una vitalidad renovada en tu relación con él. ¿Qué buena razón hay para demorar eso?

Preguntas para el Debate

1. "Los cristianos que regularmente rehúsan perdonar a otros generalmente creen que ellos deben ganarse la aceptación de Dios". ¿Estás de acuerdo con esta afirmación? ¿Por qué o por qué no?

2. Comparte qué ideas erróneas acerca del perdón te reveló este capítulo.

3. Describe cómo fue cuando te rehusaste a perdonar a alguien que pecó contra ti. ¿Qué consecuencias experimentaste? Si perdonaste a esa persona, ¿qué beneficios experimentaste?

8 – Acéptense Mutuamente

> *Por tanto, acéptense mutuamente, así como Cristo los aceptó a ustedes para gloria de Dios (Romanos 15:7 NVI).*

Amarse unos a otros como Jesús nos ama involucra aceptarnos mutuamente. Como cualquiera de los pasajes de "unos a otros", este no es tan simple como suena.

¿Qué tipo de aceptación?

Los cristianos deben practicar más de un tipo de aceptación. Obviamente hay un sentido en el que debemos aceptar a los no cristianos de la misma manera que Jesús lo hizo. Ellos se sentían atraídos por él de una manera impresionantemente diferente de su reacción hacia los líderes religiosos de la época. Los escribas y fariseos eran generalmente moralistas y engreídos, tensos, y condenadores hacia la gente común. ¡Después de todo, los llamaban "los pecadores" (Mateo 9:10)! No sorprende que la gente concluyera que Dios estaba indignado con ellos. Pero con Jesús, era diferente. Él hablaba abiertamente acerca de sus pecados y de su perdición espiritual. Ellos sabían que él era muy diferente de ellos en muchas maneras. Pero sentían su amor genuino por ellos, y él les comunicaba el deseo de Dios de conocerlos y su disposición a perdonarles a pesar de su pecaminosidad. Se sentían atraídos a esta asombrosa combinación de verdad y amor. ¡Con razón él llegó a ser conocido como "el amigo de los pecadores" (Mateo 11:19)!

Lamentablemente, muchos cristianos hoy se comunican más como los fariseos que como Jesús. Cuando la gente descubre que soy cristiano, a menudo veo un cambio notable en la conversación. Se sienten incómodos, se disculpan por el lenguaje, no saben cómo relacionarse conmigo. ¿Por qué ese repentino cambio? En la mayoría de los casos, es debido a sus contactos previos con otros cristianos. Están acostumbrados a que los cristianos sean tiesos, religiosos, y condenadores. Por esta razón, uno de nuestros más grandes desafíos al relacionarnos con no cristianos es cambiar esta idea errónea de un Dios que rechaza y mostrarles la disposición de Dios de aceptarlos tal como son.

Esto es lo que Pablo quiere decir cuando señala: "Compórtense sabiamente con los que no creen en Cristo, aprovechando al máximo cada momento oportuno. Que su conversación sea siempre amena y de buen gusto. Así sabrán cómo responder a cada uno" (Colosenses 4:5-6 NVI). El énfasis de Pablo aquí no está en el contenido de nuestra conversación con los no cristianos, sino más bien en la forma de nuestra conversación. Los cristianos sabios cultivan un estilo conversacional que expresa la aceptación de Dios hacia los no cristianos. Es esta actitud genuina de amor y aceptación que a menudo inspira un interés en el mensaje de Cristo.

Esta no es la aceptación que Pablo tiene en mente en Romanos 15:7. Aquí, él se está refiriendo a una aceptación que los cristianos deben expresar los unos a los otros. A pesar de nuestras muchas posibles diferencias, tenemos las cosas más importantes en común. Como verdaderos creyentes en Cristo, tenemos un nivel de unidad que no compartimos con los no cristianos porque estamos espiritualmente unidos con el mismo Señor. El mismo Espíritu Santo mora en nosotros. Compartimos un perdón en común. Reconocemos la Palabra de Dios como nuestra fuente de autoridad en común. También intentamos tener el mismo propósito; alcanzar a aquellos que no conocen a Cristo y edificar a aquellos que le conocen. Debido a estas grandes cosas en común, Dios nos llama a aceptarnos unos a otros en un nivel mucho más profundo.

Este tipo de aceptación es activa más que pasiva. La palabra para "aceptar" (*proslambano*) es una forma fortalecida de una palabra que significa "recibir". *Proslambano* significa "dar la bienvenida con entusiasmo". Lucas usa esta palabra en Hechos 28:2 para describir el tipo de recepción que Pablo recibió de los isleños de Malta después del naufragio: "[ellos] nos mostraron toda clase de atenciones, porque a causa de la lluvia que caía y del frío, encendieron una hoguera y nos acogieron (*proslambano*) a todos". Los malteses no solo les permitieron quedarse; sino que les ofrecieron activamente hospitalidad. Pablo usa esta misma palabra para describir cómo Filemón debería responder al regreso de Onésimo, su esclavo fugitivo que ahora conoce a Cristo: "si me tienes por compañero, recíbelo como a mí mismo" (Filemón 1:17 NVI). Su vínculo común en Cristo debe trascender su diferencia social y estatus legal, y Filemón debería tomar la iniciativa para hacer que su nuevo hermano espiritual se sienta bienvenido a su regreso.

Entonces, aceptarnos unos a otros como cristianos significa afirmar activamente nuestra unidad como miembros de la familia de Dios, y relacionarnos unos a otros sobre esa base, más que sobre la base de nuestras muchas diferencias. Si has sido cristiano por un tiempo ya, tú sabes que esto no es tan simple como suena. Antes de examinar cómo se ve aceptarnos unos a otros en la práctica, debemos pensar en un área relacionada.

Dos Peligros Equivalentes pero Opuestos

Al considerar cómo mostrar aceptación a aquellos que declaran creer en Cristo, las cosas se ponen más complicadas. Si mostramos aceptación en los asuntos que la Biblia nos prohíbe aceptar, nos hacemos culpables de *transigencia espiritual*. Si fracasamos al mostrar aceptación a aquellos que, aunque difieren de nosotros en otros asuntos, concuerdan en asuntos esenciales, nos hacemos culpables de *intolerancia espiritual*. Movernos entre estos dos errores no es fácil, pero con la ayuda de Dios debemos hacerlo si queremos mantener un testimonio saludable al mundo perdido.

Transigencia

Dios nos ha dado una colección de verdades esenciales en su Palabra. Estas verdades proveen el marco objetivo para conocer a Dios y vivir para él. Piensa en estas verdades como un círculo en línea negrita.

Algunas de estas verdades son doctrinales en contenido, mientras que otras son morales. Juntas constituyen el corazón de la cosmovisión cristiana. Dentro de este círculo de verdad, hay libertad para nosotros para discrepar en muchas áreas, algunas de las cuales son más importantes que otras.

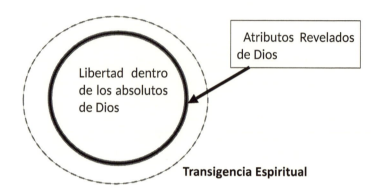

Pero fuera del círculo es algo menos que verdadero cristianismo. La iglesia cristiana es una comunidad bajo la verdad. Ciertas verdades son tan importantes que no puede haber unidad sin acuerdo sobre ellas. La transigencia espiritual ocurre cuando estamos dispuestos a extender su círculo más allá de los límites prescritos por la Biblia misma.

Por eso los autores del Nuevo Testamento hacen declaraciones tan fuertes respecto de aquellos que dicen ser cristianos, pero rehúsan doblegarse ante la verdad de Dios. Por ejemplo, considera el consejo de Juan sobre cómo los cristianos deben responder a los maestros que rechazan toda la deidad y humanidad de Jesús:

> Todo el que se extravía y no permanece en la doctrina de Cristo no tiene a Dios. El que permanece en la doctrina, este tiene al Padre y también al Hijo. Si alguien va a ustedes y no lleva esta doctrina, no lo reciban en casa ni le digan: "¡Bienvenido!". Porque el que le da la bienvenida participa de sus malas obras" (2Juan 1:9-11 RVA-2015).

Aunque debemos mostrar a estas personas el mismo tipo de aceptación que mostraríamos a otros no cristianos, no debemos aceptarlos como auténticos maestros cristianos. Esto es crucial, porque al poner la distinción borrosa transige la verdad bíblica. Pablo hizo la misma distinción cuando él trató con aquellos que decían creer en Cristo, pero insistían en las buenas obras junto con la fe para la aceptación de Dios (ver Gálatas 1:6-9; Filipenses 3:1-3). Otras doctrinas bíblicas son de la misma manera tan importantes que debemos estar dispuestos a hacer una distinción entre aquellos que las sostienen y aquellos que las niegan.[19]

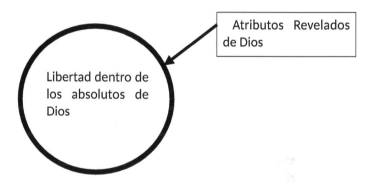

Los autores del Nuevo Testamento también llaman a los cristianos a abstenerse de aceptar a aquellos que dicen seguir a Cristo, pero practican estilos de vida que la Biblia condena.

> Les he escrito por carta que no se asocien con inmorales sexuales. No me refiero en forma absoluta a los que de este mundo son inmorales sexuales, avaros, estafadores o idólatras,

---

[19] El punto es que en el caso del núcleo central de la fe cristiana, lo que C.S. Lewis llamó 'mero' cristianismo, la evidencia bíblica es apabullante. La deidad de Cristo, la naturaleza trina de Dios, la creación del mundo hecha por Dios, la pecaminosidad de toda la humanidad, la salvación por gracia a través de la fe, la resurrección de los muertos, estos y muchos otros asuntos están claramente enseñados en las Escrituras". James Sire, Scripture Twisting (Downers Grove: InterVarsity Press, 1980), pp. 12-13.

pues en tal caso les sería necesario salir del mundo. Pero ahora les escribo que no se asocien con ninguno que, llamándose hermano, sea inmoral sexual, avaro, idólatra, calumniador, borracho o estafador. Con tal persona ni aun coman. Pues, ¿por qué tengo yo que juzgar a los que están afuera? ¿No juzgan a los que están adentro? Pues a los que están afuera Dios los juzgará. Pero quiten al malvado de entre ustedes" (1Corintios 5:9-13 RVA-2015).

Vemos que Pablo hace una distinción entre la aceptación que debemos mostrar a todas las personas y la aceptación especial que los cristianos deben mostrarse unos a otros. Aquellos que profesan seguir a Cristo, pero insisten en un estilo de vida que deshonra descaradamente a Cristo deben, finalmente, ser expulsados del involucramiento en la comunidad cristiana hasta que ellos decidan someterse a la manera de Cristo en esas áreas. Por supuesto, esta expulsión debe ser un último recurso, generalmente después de repetidos intentos de persuadir a esa gente a cambiar (ver Mateo 18:15-17). Esta es una posición difícil para tomar, pero Pablo nos llama a tomarla. Tanto el bienestar de la persona involucrada como el testimonio de la iglesia están en juego.

Nuestra sociedad está siendo crecientemente (e irónicamente) dogmática con respecto a que no hay verdad absoluta o moralidad. Mientras su apreciación por la diversidad en muchas áreas es admirable, no tiene forma fiable de determinar cuándo un asunto ideológico o moral es aberrante. Como resultado, aquellos que creen que la verdad absoluta existe, se encuentran a sí mismos sujetos a creciente sospecha por parte de muchos en nuestra sociedad. Muchos de nosotros hemos sido etiquetados de "intolerantes", "mente cerrada", "arrogante", o "inculto" cuando aseveramos (no importa con cuanto amor lo digamos), por ejemplo, que el sexo fuera del matrimonio heterosexual es inmoral, o que Jesucristo es el único camino a Dios. El tiempo del relativismo dogmático ha comenzado, y ¡ha traído una fría intolerancia para aquellos que rehúsan consentir su tolerancia toda-inclusiva!

Este desarrollo nos expone a otra tentación a la transigencia. En una cultura moralmente secularizada como la nuestra, muchos cristianos se ven tentados a elevar la moralidad bíblica a una posición de mayor importancia que la de la doctrina bíblica. Las señales de esto son evidentes, cuando los evangélicos forman alianzas con otros grupos no evangélicos para oponerse al descenso moral de nuestra sociedad. Por supuesto, está bien para los grupos que difieren sobre doctrina, luchar por intereses morales comunes. Tal co-beligerancia tiene un rico legado de reforma social. ¡Pero los co-beligerantes no son aliados! Durante la Segunda Guerra Mundial, los Estados Unidos, Gran Bretaña, y la Rusia Soviética pelearon juntos contra el fascismo de Alemania, Italia y Japón. Ellos eran llamados los Aliados porque peleaban contra las Potencias del Eje. Pero no eran verdaderos aliados. Los Estados Unidos y Gran Bretaña eran aliados porque ellos verdaderamente compartían una herencia ideológica y política en común. Pero Rusia Soviética, mientras que era co-beligerante, no era un verdadero aliado debido a serias diferencias políticas e ideológicas. Los eventos que siguieron a la guerra rápidamente revelaron esto, al estallar la guerra fría.

De la misma manera, los cristianos evangélicos deben ser cuidadosos de hacer la distinción entre co-beligerantes y aliados en sus batallas para defender la moralidad bíblica. Quizás hace ya mucho tiempo que los evangélicos, católicos romanos, mormones, y otros grupos se deberían haber unido para proteger al no nacido y otros importantes asuntos morales. Pero mientras podemos compartir un enemigo ideológico común, también tenemos profundas diferencias doctrinales que nos impiden ser verdaderos aliados. De hecho, ¡sería irónico si, en pos de resistir la transigencia moral con el mundo secular, cometiéramos transigencia doctrinal con los grupos no evangélicos! Si, debemos mostrar respeto. Pero a menos que estemos dispuestos a hacer serias preguntas doctrinales a la gente con la cual concordamos en asuntos morales, y a menos que estemos dispuestos a dejar claro que no estamos de acuerdo en las doctrinas esenciales, estaremos sucumbiendo a una perspectiva sub-bíblica del cristianismo. ¡La cura de trabajar con ellos en los asuntos morales puede entonces, llegar a ser peor que la enfermedad que estamos tratando de derrotar!

Fanatismo e Intolerancia Espiritual

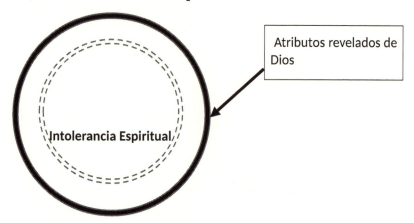

Es fácil para los cristianos convertirse en fanáticos espirituales. Si la transigencia espiritual involucra extender el círculo moral más allá de los límites bíblicos, el fanatismo espiritual ocurre cuando contraemos el círculo para incluir asuntos morales o doctrinales que la Biblia no considera esenciales. Esta perspectiva excesivamente estrecha del cristianismo va más allá de la Palabra escrita de Dios. Si es importante que no hagamos el círculo de la aceptación cristiana más grande de lo que debería ser, ¡es igual de importante que no lo hagamos más pequeño de lo que debería ser!

Es inevitable que los cristianos tengan distintivos en áreas no esenciales. Es también inevitable y no necesariamente erróneo que nos critiquemos los unos a los otros en estas áreas. Pero cuando elevamos estas diferencias al punto que rehusamos tener comunión con otros verdaderos cristianos, o cuando castigamos a otras organizaciones cristianas como si ellos fueran enemigos de Cristo, algo está seriamente mal. La intolerancia espiritual es tan destructiva como la transigencia espiritual.

La intolerancia espiritual, al igual que la transigencia espiritual destruye nuestro testimonio al mundo perdido. La transigencia espiritual destruye el mensaje de la verdad siendo lo único que puede reconciliar a la gente con Dios. Pero el fanatismo espiritual destruye la credibilidad de ese mensaje. Si queremos que la gente nos tome en serio cuando les hablamos de que el evangelio es verdadero para todos, debemos ser capaces de mostrarles que la gente que cree el evangelio puede tener unidad de amor, a pesar de sus diferencias en otras áreas. Esto no es fácil de hacer. De hecho, es imposible aparte del poder y la sabiduría provista por Cristo. Pero es precisamente el milagro que Dios quiere hacer en medio nuestro, para que "así el mundo reconozca que tú me enviaste" (Juan 17:23 NVI). Francis Schaeffer lo dijo así:

> Cada iglesia cristiana, cada colegio cristiano, cada misión debe ser una comunidad que el mundo pueda ver como una planta piloto. Cuando una gran compañía va a invertir varios millones de dólares en construir una planta, primero construye una planta piloto para mostrar que se puede hacer. Cada comunidad cristiana debería ser una planta piloto para mostrar que podemos tener relaciones los unos con los otros, a pesar de todas las diferencias, en Cristo. A menos que la gente vea esto; a menos que ellos vean que la cosa que ellos desean con justa razón pero que no pueden lograr sobre una base no cristiana... es practicada en nuestras comunidades...ellos no escucharán...
> 20

La intolerancia espiritual también nos impide aprender y beneficiarnos de otros cristianos en diversas áreas importantes. Puede ser cómodo interactuar solo con otros cristianos que ven la mayoría de las cosas de la forma que yo las veo, pero es también, finalmente, empobrecedor. Tendemos a desarrollar una visión de túnel espiritual colectiva que gradualmente nos lleva al error o la irrelevancia. La interacción con otros cristianos tiene una forma de corregir esta tendencia. Nuestras ideas y nuestras formas de ministrar son desafiadas, así que tenemos que pensar mucho y más bíblicamente acerca de estas cosas. Este pensamiento es crucial para la salud espiritual y la efectividad. Muchos

---

[20] Francis A. Schaeffer, The Complete Works of Francis Schaeffer (Westchester, Ill.: Crossway books, 1982), vol. 4, p. 34.

cristianos descubren este principio leyendo las obras de autores cristianos cuyas perspectivas difieren de las suyas. Esta es una forma no amenazadora de recibir aporte y corrección del extenso cuerpo de Cristo. Pero a menudo es hasta más útil (aunque también más amenazador) debatir los asuntos cara a cara con otros cristianos que difieren con nosotros.

Practicar la Aceptación con Otros Cristianos

¿Cómo practicamos este mandato bíblico? Todos tenemos muchas áreas de diferencia con otros cristianos. No es fácil tarea valorar la importancia de estas diferencias y encontrar una forma de comunicar la aceptación bíblica. La naturaleza de la relación y el tipo de diferencia afectará la forma que hacemos esto. Consideremos las diferencias más comunes que los cristianos tienen, y algunas de las formas que podemos comunicar la aceptación a pesar de estas diferencias.

Doctrinas No Esenciales

Debido a una variedad de factores, los verdaderos cristianos siempre estarán en desacuerdo sobre asuntos doctrinales no esenciales. Algunos creen en la predestinación, mientras que otros creen en el libre albedrío. Algunos creen en un reino milenio literal que sigue al regreso de Cristo, mientras que otros creen que el regreso de Cristo inmediatamente guiará al juicio final y a la eternidad. Algunos cristianos creen que todos los cristianos deben hablar en lenguas al menos una vez, mientras que otros insisten que las lenguas son un don espiritual que Dios ya no da más. Algunos cristianos creen que las mujeres nunca deben ser ancianas, mientras que otros están igualmente convencidos de que las ancianas son la norma. La lista puede seguir y seguir.

Muchas doctrinas no esenciales son de relativa menor importancia. Sin embargo, algunas pueden ser lo suficientemente importantes como para que nosotros no queramos involucrarnos en una iglesia que no concuerda con nosotros acerca de esto. Por ejemplo, puedes creer que los cristianos deben tomar la Santa Cena en una sola copa, y yo puedo creer que debemos usar copas individuales. Yo esperaría que nos lleváramos bien en la misma iglesia si esto fuera el desacuerdo más grande que tuviéramos. Pero si tú crees que todos los cristianos deben hablar en lenguas para mostrar que ellos están llenos del Espíritu Santo, y yo creo que hablar en lenguas es un don espiritual que muchos cristianos no tienen, probablemente vamos a tener serios problemas al trabajar juntos en la misma iglesia. Probablemente tú estarías instando a los nuevos cristianos a pedirle a Dios que los capacite para hablar en lenguas, mientras que yo vería esto como innecesario y potencialmente dañino. Como este desacuerdo nos pone en conflicto sobre la misma definición de espiritualidad, comunicaremos un mensaje confuso a los nuevos cristianos en nuestra iglesia. Por esta razón, a menudo es mejor para los cristianos que no concuerdan en esos asuntos estratégicamente importantes, estar en iglesias que si concuerdan.

El hecho es que los cristianos que no concuerdan unos con otros sobre importantes doctrinas no esenciales, viven en el mismo barrio y trabajan en la misma compañía. ¿Cómo nos relacionamos unos con otros en este escenario? Lo primero es darnos cuenta de que las doctrinas no esenciales, por supuesto, no son esenciales. No estar de acuerdo con otro cristiano respecto del rol de las lenguas es un asunto diferente de no estar de acuerdo con un Testigo de Jehová sobre la deidad de Cristo. Podríamos definitivamente no acordar con nuestro amigo Testigo de Jehová en ayudarnos mutuamente para traer a nuestros compañeros de trabajo a Cristo, porque no creemos en el mismo Cristo. Pero podríamos estar de acuerdo con un verdadero cristiano que difiere con nosotros en el asunto de las lenguas. Mientras podamos estar de acuerdo en lo básico del evangelio, podemos acordar unirnos alrededor del objetivo común de ser luz para nuestras relaciones no cristianas en común.

Algunos dicen que es mejor para los cristianos de las diferentes iglesias no debatir sobre sus diferencias doctrinales. La máxima a menudo citada es "estar de acuerdo en discrepar". A veces este puede ser el mejor curso de acción, pero no es necesario en la mayoría de los casos. El problema no es debatir sobre las diferencias doctrinales, sino más bien la forma en que las debatimos y la prioridad que ponemos para debatirlas. Debe ser posible para la mayoría de los cristianos sinceros hablar acerca de sus creencias sin llegar al enojo ni llegar a una desagradable pelea. Siempre y cuando estemos de acuerdo en debatir estos asuntos con un espíritu de respeto, y en tanto que nos enfoquemos principalmente y de manera práctica en cómo podemos alcanzar a aquellos que no conocen a Cristo, tales debates pueden ser saludables y fructíferos.

También debemos ser capaces de aprender los unos de los otros en asuntos que no son las doctrinas esenciales y en las que discrepamos. Si vamos a insistir en que la otra persona esté de acuerdo con nosotros en cada punto antes de que estemos dispuestos a aprender de él, ¡no aprenderemos mucho! Por alguna razón, es más fácil practicarlo con autores o expositores de lo que es con personas cara a cara. El escritor inglés C.S. Lewis, que murió en 1963, escribió muchos libros en defensa del cristianismo y sobre asuntos prácticos de la vida cristiana. No estoy necesariamente de acuerdo con todas las creencias doctrinales de Lewis, pero he sido tremendamente enriquecido por su defensa de la fe cristiana. Cada uno de nosotros podría relatar ejemplos similares. ¿Por qué no buscar esas áreas con tus compañeros de trabajo cristianos o tus vecinos cristianos? Ese aprendizaje mutuo puede ser profundamente enriquecedor, y demuestra el espíritu de aceptación bíblica.

Filosofía del Ministerio

Los grupos cristianos también discreparán en la mejor forma de servir a Cristo. Algunos grupos abogan por el evangelismo puerta a puerta, mientras que otros se oponen a este. Algunos grupos enseñan que Dios manda a los cristianos a diezmar, mientras que otros sostienen que deberíamos dar generosamente y sacrificialmente, lo que significará más del 10 por ciento para algunos y menos del 10 por ciento para otros. Algunos grupos creen que la adoración corporativa es la cosa más importante que la iglesia debería hacer, mientras que otros creen que la primera prioridad es el evangelismo local y las misiones. Algunos grupos creen en el gobierno congregacional de la iglesia y la autonomía de la iglesia local, mientras que otros creen en una jerarquía denominacional de liderazgo. Algunas iglesias enfatizan la comunión en los hogares y el ministerio de cada miembro, mientras que otras iglesias ven estos asuntos como opcionales. De nuevo, la lista podría seguir y seguir.

Estos asuntos tienen efectos importantes y de largo alcance en una iglesia. Toma un largo tiempo crear el estilo o personalidad de un grupo dado de cristianos. Por esta razón, no deberíamos minimizarlos. Son una realidad con la que debemos lidiar mientras decidimos dónde nos involucramos y servimos. Las iglesias que son efectivas en el ministerio disfrutan de un grado de concordancia grande entre sus miembros sobre la filosofía del ministerio. No es solo que ellos sirven a un Señor común; sino también concuerdan en cómo servirlo. Debido a esto, no nos sentiremos igualmente cómodos en todas las iglesias cristianas. Algunas iglesias nos darán una mejor oportunidad para aprender y servir que otras. Algunas iglesias serán más favorables para los no cristianos a quienes les estamos testificando que otras iglesias. Algunas reuniones y ministerios de iglesias encajarán mejor con nuestros horarios que otras.

Lo importante para recordar en esta área es que otros verdaderos grupos cristianos no son enemigos. Si, ellos pueden servir a Dios de diferente manera a la nuestra, pero ellos están sirviendo al mismo

Señor. [21] A menudo podemos encontrar formas de trabajar juntos por la causa de Cristo que nos permita preservar nuestro distintivo mientras, también comunicamos nuestra aceptación mutua. Al hacer esto, también podemos aprender de las fortalezas de los unos y de los otros. Podemos hablar bien el uno del otro cada vez que sea posible, y defendernos los unos de los otros frente a la crítica injusta o no válida. Tales acciones nos protegen de desarrollar un espíritu sectario, y expresamos una unidad práctica que ayuda a la causa de Cristo.

Los Dones Espirituales

En la mayoría de los grupos cristianos, los miembros ven ciertos dones espirituales como los únicos que cuentan, mientras que relegan otros al estado de "no importantes". Un grupo puede exaltar las lenguas, otro puede enfatizar la enseñanza, otro puede realzar el evangelismo, mientras que todavía otro puede promover la administración. Los cristianos con dones espirituales similares también tienden a gravitar el uno en torno al otro. Esto puede ser bueno, si la intención principal es ayudarse los unos a los otros para ser más efectivos para servir a los demás. Sin embargo, a menudo, esos grupos refuerzan las ideas no bíblicas de superioridad por sobre los otros dones en el cuerpo de Cristo. En los casos extremos, como en los Corintios, los cristianos son lo suficientemente insensatos para ver sus dones espirituales como prueba de su superioridad espiritual.

---

[21] La respuesta de Pablo al debate dietético y al día religioso entre los cristianos romanos es instructiva en este punto. Pablo claramente apoyaba a aquellos que declaraban su libertad para comer todos los alimentos y no observaban ningún día como intrínsecamente significativo espiritualmente. Después de todo, él llama a aquellos que sostienen esta posición "los fuertes en la fe". Él también defiende esta posición porque era estratégicamente importante para alcanzar a los gentiles para Cristo (1Corintios 9:19-23). Pero, a pesar de esto, él advierte a los "fuertes" a no condenar a los "débiles", porque finalmente responden a Cristo y porque mostraron evidencia de servir a Cristo: "El que guarda cierto día, para el Señor lo guarda; ... y el que no come, para el Señor se abstiene, y da gracias a Dios. Porque ninguno de nosotros vive para sí mismo, y ninguno muere para sí mismo; pues si vivimos, para el Señor vivimos, y si morimos, para el Señor morimos; por tanto, ya sea que vivamos o que muramos, del Señor somos. Porque para esto Cristo murió y resucitó, para ser Señor tanto de los muertos como de los vivos. Pero tú, ¿por qué juzgas a tu hermano? O también, tú, ¿por qué menosprecias a tu hermano? Porque todos compareceremos ante el tribunal de Dios" (Romanos 14:6-10).

Cuando usamos nuestros dones espirituales como base para juzgar la espiritualidad de otros cristianos, estamos actuando como personas que no han conocido a Cristo. ¿Qué podría ser más común en el mundo para las personas que formar una hermandad basada en los talentos comunes y luego usar esos talentos como la vara de medir de aceptación? Aquellos que tienen dones de atletas miran en menos a aquellos que no lo son. Los intelectuales miran a otros como inferiores. ¡Qué tontería! Los cristianos deberíamos darnos cuenta que cualquiera sea el talento que tenemos, nos lo dio Dios, así que no es una base para la superioridad (1Corintios 4:6). Más aún, nuestro verdadero valor y aceptación se encuentran en Cristo a través de la gracia de Dios; la que todos los cristianos necesitamos y compartimos de igual manera.

Pablo reconocía esta tendencia de que ciertos dones recibieran más honor que otros; pero él tenía una forma muy diferente de responder a esto.

> El ojo no puede decirle a la mano: «No te necesito». Ni puede la cabeza decirles a los pies: «No los necesito». Al contrario, los miembros del cuerpo que parecen más débiles son indispensables, y a los que nos parecen menos honrosos los tratamos con honra especial. Y se les trata con especial modestia a los miembros que nos parecen menos presentables, mientras que los más presentables no requieren trato especial. Así Dios ha dispuesto los miembros de nuestro cuerpo, dando mayor honra a los que menos tenían, a fin de que no haya división en el cuerpo, sino que sus miembros se preocupen por igual unos por otros (1Corintios 12:21-25 NVI).

De acuerdo a Pablo, los miembros cuyos dones reciben más honor tienen una responsabilidad especial de "otorgar honor" a aquellos miembros cuyos dones no son fácilmente estimados. No es necesariamente algo malo que tú estimes la enseñanza en tu iglesia, pero los maestros deben asegurarse de usar su influencia para llamar a la contribución de la gente que sirve fielmente en otros roles. Una de las características claves de las iglesias efectivas y saludables es que sus miembros honorables cultivan consistente y sinceramente esta perspectiva. Esto anima a todos a usar sus dones para edificar al cuerpo de Cristo.

Las Preferencias Personales y Culturales

Los cristianos difieren en las traducciones de la Biblia que prefieren. Algunos crecieron con la versión Reina Valera 1960, otros con la Reina Valera Actualizada (2015), otros con la Nueva Biblia de las Américas o con la Nueva Versión Internacional. También los cristianos difieren en los estilos musicales que ellos prefieren. A algunos les gustan los himnos antiguos, mientras que a otros les gusta el heavy metal. Los cristianos prefieren diferentes estilos de vestimentas. También tenemos diferentes preferencias en la adoración.

El problema en esta área no son las diferencias que tenemos. De nuevo, el problema es la importancia que le damos a estas diferencias. Si las vemos como características claves de nuestra identidad, tendremos la tendencia a condenar a aquellos que aboguen por una preferencia diferente. Pero mientras Dios dice que debemos sostener y disfrutar nuestras preferencias en estas áreas, debemos estar dispuestos a subordinarlas para potenciar el bien de los demás. La Biblia nos da dos formas principales de hacer esto.

Adaptación a los No Cristianos

Primero, debemos estar dispuestos a sacrificar nuestras preferencias personales y culturales para permanecer culturalmente relevantes en nuestras vidas delante de los no cristianos. Este el punto de Pablo en 1Corintios 9:19-21.

> Aunque soy libre respecto a todos, de todos me he hecho esclavo para ganar a tantos como sea posible. Entre los judíos me volví judío, a fin de ganarlos a ellos. Entre los que viven bajo la ley me volví como los que están sometidos a ella (aunque yo mismo no vivo bajo la ley), a fin de ganar a estos. Entre los que no tienen la ley me volví como los que están sin ley (aunque no

estoy libre de la ley de Dios, sino comprometido con la ley de Cristo), a fin de ganar a los que están sin ley (NVI).

¡Qué interesante pasaje este! Aunque nunca debiéramos transigir en las áreas doctrinales y morales, Pablo dice que debemos sacrificialmente encontrarnos con los no cristianos en su ámbito cultural. ¿Por qué? ¿Qué está en juego? Más personas vendrán a Cristo si hacemos esto que si no lo hacemos. La gente tiene más problemas para entender el mensaje de Cristo si no se pueden identificar con aquellos que se lo están comunicando. Podemos pensar que esto es inaceptable, pero Dios nos llama a demostrar su amor por los perdidos de esta manera. Después de todo, esto es exactamente lo que él hizo. Dios se hizo completamente humano y vino al mundo; con todas las limitaciones y sacrificios que esto implicaba; para que nosotros pudiéramos ser reconciliados con él. Jesús nunca habló falsedad o pecó, pero él practicó el identificarse culturalmente, lo que Pablo dice en este pasaje.

Aquellos de nosotros que hemos venido a Cristo de familias no cristianas sabemos lo importante que es este asunto. Cuando yo tenía doce años, un matrimonio me compartió el evangelio. Por lo que aprendí luego, estoy seguro que ellos estaban sinceramente preocupados por mí y certeros en su entendimiento del evangelio. Pero no recuerdo nada que me hayan dicho acerca de Cristo. Todo lo que recuerdo era lo extraño que se vestían. Ella quizás decía: "Dios te ama y quiere tener una relación contigo", pero recuerdo haber pensado: "¿Por qué ella usa lentes con marcos de carey?" Él probablemente decía: "Cristo murió por tus pecados para que tengas vida eterna gratuita", pero recuerdo haber pensado: "¿por qué usas calcetines blancos?" Había tanto ruido cultural en nuestra comunicación que nunca tomé el mensaje de manera seria.

Pero cuando un amigo que se vestía igual que yo, y que escuchaba la misma música que yo, compartió el evangelio, lo escuché. Esta vez me di cuenta de que podía ser cristiano sin olvidarme de mi propia identidad cultural. Supongo que debí haber estado más abierto a la pareja de adultos, pero no lo estaba porque los asuntos culturales eran importantes para mí. ¡Gracias a Dios que envió a alguien con quien yo pude identificarme culturalmente! Esta es otra expresión de la gracia de Dios. Igual como Dios nos invita a venir a él tal como estamos moralmente; sin tener que cambiar nuestras vidas primero; así él también nos invita a venir a él tal como somos culturalmente.

Siempre ha habido tensión entre los cristianos sobre este asunto. Fue parte de la razón del intenso conflicto sobre la circuncisión en el primer siglo. Muchos cristianos judíos insistían en que los gentiles convertidos se convirtieran culturalmente en judíos (de lo cual la circuncisión era el símbolo) para ser totalmente incorporados en el pueblo escogido de Dios. Otros, especialmente Pablo, se dieron cuenta de que Dios no requería la circuncisión y se negó a ceder ya que él sabía que esto sería una barrera significativa para los gentiles que escuchaban de Cristo. Ocurrió una encarnizada lucha, pero cuando los apóstoles se dieron cuenta de que Dios no requería un cambio cultural de parte de los gentiles para ser completamente miembros de su familia, ellos se opusieron a sus propias preferencias culturales para cooperar con el Señor. Esta decisión desató al cristianismo para que sea un verdadero movimiento internacional.

Este tema ha surgido repetidamente a través de la historia de la iglesia. Una y otra vez, los cristianos han añadido bagaje cultural a la comunicación del evangelio, por lo que, aquellos fuera de su medio cultural tienen problemas para entender el mensaje, por todo el ruido cultural. Una y otra vez, Dios ha levantado personas que han insistido en practicar el mandato de Pablo en 1Corintios 9, dando como resultado nuevos avances para el evangelio. Hudson Taylor insistió (contra el consejo de su sociedad misionera) en usar ropa y peinado chino. Este fue el comienzo de un movimiento evangelístico chino que continua hoy. John Wesley insistió en predicar el evangelio al aire libre para los mineros del carbón que no se sentían ni cómodos ni bienvenidos en las iglesias de su tiempo. El movimiento Wesleyano vio cientos de miles de personas de la clase trabajadora venir a Cristo y transformar de manera substancial, su sociedad. A fines de los años 60, muchos obreros cristianos alcanzaron a los hippies en su propio ambiente cultural; aceptando su vestimenta y peinados, comunicaron el evangelio en su idioma, y les instaron a crear sus propias formas de adorar. El resultado: El Movimiento Jesús que alcanzó cientos de miles de jóvenes norteamericanos. Dios ha bendecido consistentemente la práctica de este principio con gran fruto evangelístico. Sin embargo, cuando la iglesia se niega a practicarlo, se convierte gradualmente en un anacronismo que se pregunta por qué nadie escucha.

Hoy estamos siendo testigos del extraño revés de este mandato en el evangelicalismo norteamericano. En las áreas morales e ideológicas cruciales, donde debemos ser distintos y no ceder, los evangélicos están crecientemente siendo influenciados por la cultura no cristiana. Pero en las áreas culturales, donde debemos practicar la identificación consciente, los evangélicos se están convirtiendo en una subcultura, un gueto cristiano. Consideremos las sorprendentes estadísticas de que más de la mitad de todos los evangélicos norteamericanos creen que no hay verdad absoluta.[22] Esto representa una transigencia doctrinal fundamental del mensaje cristiano. Al mismo tiempo, vemos la emergencia de una subcultura cristiana (completa con distintos estilos de música, parques de diversiones, páginas amarillas) que fracasa en identificarse y captar seriamente la cultura norteamericana. El resultado es una iglesia que tiene creciente dificultad para ganar la atención y para que escuchen un mensaje que es ¡crecientemente confuso!

¿Qué tiene todo esto que ver con aceptarnos el uno al otro? En primer lugar, este principio provee un límite para esa aceptación. Los líderes no deben permitir que este imperativo sea mal usado para que su iglesia llegue a ser irrelevante culturalmente para los buscadores no cristianos. Debemos personalmente aceptar los diferentes gustos musicales los unos de los otros, sin embargo, debemos insistir en usar

---

[22] Según George Gallup, mientras el 88 por ciento de los evangélicos norteamericanos cree que "la Biblia es la palabra escrita de Dios, certera, en todo lo que enseña", el 53 por ciento de los mismos encuestados cree que "no hay verdad absoluta". Ver Gene Edward Veith, Postmodern Times (Wheaton, Ill.: Crossway Books, 19994), p. 16.

música con la cual los no cristianos puedan identificarse en las reuniones abiertas. Podemos aceptar que algunos cristianos disfruten la versión Reina Valera 1960, pero insistir que aquellos que enseñan usen una versión con un lenguaje más actualizado. Podemos aceptar que algunos cristianos disfruten reuniones sociales tranquilas, suaves, pero defendemos y apoyamos a aquellos que alcanzan a sus amigos no cristianos a través de fiestas con música ruidosa. Si dejamos que nuestras preferencias personales de cristianos establezcan el estilo de nuestra comunicación con los no cristianos, estamos viviendo vidas egoístas en vez de sacrificiales. Los líderes deben estar preparados para perder miembros que no estén dispuestos a sacrificar sus preferencias culturales personales para que los perdidos puedan venir más fácilmente a Cristo.

Aceptación de los Cristianos "Débiles"

Segundo, deberíamos estar dispuestos a sacrificar nuestras preferencias personales y culturales para ayudar a los cristianos débiles a crecer espiritualmente. Esta es la carga de Pablo en 1Corintios 8 y Romanos 14. Algunos cristianos creían que comer carne o beber vino que ha sido sacrificado a ídolos amenazaría su posición en Cristo. También ellos evidentemente creían que tenían que respetar ciertos días como espiritualmente especiales. Pablo llama a estos cristianos "débiles" en la fe. En otras palabras, su fe en Cristo no estaba totalmente instruida en estos temas como debía haber sido. Sus conciencias eran excesivamente sensibles porque ellos no habían sido entrenados por medio de la verdad escritural para disfrutar de su libertad en Cristo.

Otros cristianos sabían que ellos tenían libertad en esos temas. Pablo llamaba a esta gente los "fuertes" en la fe. Sus conciencias estaban adecuadamente informadas por las Escrituras en estas áreas. Porque ellos habían sido fundamentados en la gracia de Cristo, ellos sabían que ninguna comida o bebida podía contaminarlos espiritualmente. Ellos también sabían que en Cristo todos los días son santos, así que ningún día tiene significado espiritual especial. El problema era que los cristianos "débiles" querían ser como los "fuertes", hasta el punto de imitar su comportamiento en estas áreas sin entender por qué estaba bien para ellos hacerlo así. Esto significaba que ellos estaban violando sus conciencias, uniéndose a actividades que ellos erróneamente pensaban que Dios prohibía; para ganar la aceptación de los "fuertes". Porque los "fuertes" valoraban su propia libertad más que el crecimiento de sus hermanos "débiles", ellos les instaban activa o pasivamente a violar sus conciencias. Pablo llamaba a esto, poner "tropezadero" delante de ellos.

Claramente, la respuesta definitiva de Pablo a esta situación era que el "débil" fuera "fuerte" en su fe. Él quería que todos los cristianos aprendieran la magnitud total de su libertad en Cristo y que sean libres de todas las restricciones supersticiosas.[23] Sin embargo, a corto plazo, él instaba al "fuerte" a limitar su libertad en la presencia del "débil". Si comer carne sacrificada a los ídolos tentaba a un cristiano "débil" a hacer lo mismo, sería mejor no comer esa carne en su presencia.[24] De esta manera, él puede aprender acerca de su libertad en Cristo a través de la instrucción y la persuasión para que cuando coma esa carne, él la coma "en fe" (Romanos 14:22-23).

Tristemente, muchos cristianos han malinterpretado y mal usado estos pasajes. En más de una ocasión, algunos cristianos me han reprendido por usar un diálogo de una película secular para ilustrar un punto en una enseñanza bíblica. Algunas de estas películas contienen escenas que ellos encuentran objetables. Estos cristianos me han pedido luego

---

[23] Esta era claramente la intención de Pablo en Colosenses 2:16, donde él advierte a su audiencia a no dejar que ciertos maestros les impusieran condiciones rituales, dietéticas o ascéticas en sus perspectivas de la espiritualidad cristiana.

[24] Aun cuando Pablo dice en 1Corintios 8:13 "si la comida hace que mi hermano tropiece, no comeré carne jamás", el siguiente contexto deja claro que él los está llamando a no comer carne en presencia de los débiles. "Coman de todo lo que se vende en la carnicería, sin preguntar nada por motivo de conciencia; porque del Señor es la tierra y su plenitud. Si algún no creyente los invita, y quieren ir, coman de todo lo que les pongan delante, sin preguntar nada por motivo de conciencia. Pero si alguien les dice: "Esto ha sido sacrificado en un templo", no lo coman, por causa de aquel que lo declaró y por motivo de conciencia. Pero no me refiero a la conciencia tuya, sino a la del otro. Pues, ¿por qué ha de ser juzgada mi libertad por la conciencia de otro? Si yo participo con acción de gracias, ¿por qué he de ser calumniado por causa de aquello por lo cual doy gracias?" (1Corintios 10:23-30 RVA-2015).

que no vea esas películas porque esto los hace a ellos "tropezar". En casi cada caso, la aplicación de este término era inexacto. Ellos no están siendo tentados a violar sus conciencias y unirse a mi para ver esas películas.

¡Por el contrario, ellos generalmente se ofenden cuando les pregunto si este es el caso! Más bien, ellos están diciendo "me molesta que las veas, así que para". Cuando les ofrezco explicarles la base bíblica para mi libertad en esta área, ellos generalmente no están interesados. Estos cristianos son más como los fariseos que Jesús enfrentó que como los hermanos "débiles" de 1Corintios 8 y Romanos 14. Ellos sabían lo que la Biblia enseñaba, pero insistían en añadir sus propias reglas de hombres a la Palabra de Dios. Jesús consistentemente defendió su libertad y los reprendió por encadenar al pueblo de Dios con las "tradiciones de hombres". Debemos hacer lo mismo con esos fariseos modernos.

Sin embargo, hay algunas situaciones en las cuales los cristianos "fuertes" deberían estar dispuestos a limitar su libertad por el bien del "débil". Algunos cristianos, debido a abuso sexual en el pasado o inmoralidad, simplemente no pueden ver películas con contenido sexual. Debido a esto, es un asunto de conciencia para ellos abstenerse. Pero quizás ellos envidien nuestra libertad en esta área y deseen unírsenos. En esta situación, deberíamos prevenirlos sobre este procedimiento. También deberíamos cultivar la habilidad de estar alrededor de gente que bebe sin unirnos a ellos, también deberíamos estar dispuestos a facilitar las cosas para ellos en todo lo posible. Deberíamos ser capaces de tener comunión con ellos con una gaseosa al igual que con una cerveza. Después de todo, como Pablo dice: "Porque el reino de Dios no es comida ni bebida, sino justicia y paz y gozo en el Espíritu Santo" (Romanos 14:17).

Algunos cristianos erróneamente creen que ellos deben asistir a una reunión de adoración el domingo en la mañana para estar en la voluntad de Dios. Aunque yo tengo otro punto de vista, no debería instarlos a dormir el domingo para que sean libres. Más bien, yo debería instarlos a seguir su conciencia (asistiendo a una reunión de domingo por la mañana) mientras estudian lo que las Escrituras enseñan acerca de este tema. Una vez conocí una chica que creía que a menos que ella finalizara cada oración con la frase "en el nombre de Jesús", Dios no estaría feliz con ella. Le molestó que yo generalmente no terminara mis oraciones con esta frase. Debido a su respeto por mí, pienso que la hubiera avergonzado si la hubiese obligado a hacer lo mismo. Podría haberle dicho: "¡Vamos! Esa es solo una superstición formal. Serías más espiritual si no dijeras esas palabras". Pero ¿qué hubiera ganado? Si ella hubiese seguido mi sugerencia sin entender el significado bíblico de orar en el nombre de Jesús, ella solo hubiera violado su conciencia y posiblemente dañado su caminar con Dios. Yo hubiera defendido mi libertad, pero la hubiera hecho "tropezar". ¡Cuánto mejor fue decirle que siguiera orando así mientras estudiábamos lo que la Biblia enseña sobre este tema! Eventualmente, ella entendió por qué ella no necesitaba siempre usar esta frase, y el problema se corrigió.

Como puedes ver, los fariseos y los cristianos "débiles" se ven parecidos superficialmente, pero deberíamos responderles de maneras totalmente diferentes. Deberíamos negarnos a "aceptar" las restricciones de los fariseos, mientras que deberíamos aceptar las limitaciones de los cristianos "débiles" y estar dispuestos a limitarnos para ayudarlos a crecer.

Diferencias de Personalidad

Dios ha dispuesto diversidad en las personalidades humanas. Algunas personas son extrovertidos de forma natural, mientras que otros son mucho más reservados. Algunas personas son intuitivas, mientras que otras son cognitivas. Algunas personas son espontáneas, mientras que a otras les gusta planear las cosas. Las diferencias siguen y siguen. Y aunque cada individuo tiene una combinación única de rasgos de personalidad, podemos agrupar a las personas en tipos básicos de personalidad. Aunque nuestra personalidad puede ser formada hasta cierto punto por el medio ambiente, su orientación básica parece estar en gran parte fijada desde el nacimiento.

Las diferencias de personalidad son un factor clave en las relaciones cercanas. A menudo nos atraen las personas que son diferentes a nosotros en personalidad. Por ejemplo, mi esposa y yo. Yo soy un poco introvertido; ella definitivamente es extrovertida. Ella es bastante intuitiva; yo soy decididamente cognitivo en mi enfoque de las situaciones. Me gusta planear las cosas; a ella le gusta improvisar. Nuestros amigos con frecuencia comentan cuán diferente somos en estas áreas. Estas diferencias pueden ser ya sea una gran fuente de placer y enriquecimiento mutuo, o una causa de conflicto y dolor relacional; dependiendo de cómo lo manejemos.

Cada uno de nosotros tenemos fortalezas y debilidades de personalidad que simplemente debemos aceptar y apreciar. Dios nos creó para ser diferentes de maneras complementarias, y no debemos tratar de cambiarnos de manera fundamental a nosotros mismos o el uno al otro en estas áreas. Aunque yo puedo mejorar hasta cierto punto en mi habilidad de entablar una conversación con un extraño, nunca seré tan natural y efectivo como algunas personas. Qué tontería sería que yo los envidiara por esta habilidad, o me condenara por mi incapacidad al compararme con ellos. Más bien, debo regocijarme que tengo amigos cristianos con este tipo de personalidad, y gracias a Dios por la importante forma en que ellos comunican su amor a la gente. Debo darme cuenta que necesito gente como ellos; ellos traen a mi vida un aspecto que no puedo suplir por mí mismo.

De manera similar, tengo ciertas fortalezas de temperamento que muchos otros no tienen. Siempre he sido capaz de ver "el panorama general" de las cosas, y tiendo en forma natural a ver los extremos que se deben evitar. Por temperamento, soy una persona "equilibrada". Como esto es una fortaleza de personalidad, no debo frustrarme porque los demás no la tengan. Dios me ha dado esta fortaleza, en parte, para ayudar a aquellos que tienden a mirar antes de saltar. El lado negativo de este rasgo de personalidad es que puedo ser indeciso.

Veo ambos lados de los asuntos de forma tan natural que puedo ser muy reacio a tomar un curso de acción cuando algo debe ser hecho. ¡No me ayuda cuando la gente temperamentalmente decisiva me regaña por mi indecisión! Por mucho que lo intente, nunca seré tan decisivo como son ellos. Pero aprecio cuando ellos aceptan mi personalidad, con sus fortalezas y debilidades, y entonces me ayudan a ver por qué cierto curso de acción es el mejor.

Enriquecemos nuestras relaciones enormemente cuando aceptamos las personalidades de unos y de otros de esta manera. Dejamos de gastar energía tratando de moldearnos a nosotros mismos o a los demás de maneras que nunca fue la intención de Dios. Llegamos a confiar más en que tenemos algo significativo para contribuir a las vidas de nuestros amigos, y a apreciar más lo que ellos contribuyen a nuestras vidas.

Debilidades de Carácter Relacionadas con la Personalidad

Sin embargo, esto no es para decir que debemos ser totalmente pasivos en cuanto a lograr cambios en las vidas de los unos y los otros. Ya hemos visto en capítulos anteriores que, especialmente a través de la consolación y la amonestación, Dios quiere obrar a través nuestro para transformar el carácter de los demás. Esto es así hasta en los asuntos de carácter relacionados con nuestra personalidad. Hay áreas conectadas a nuestra personalidad que tienen una dimensión moral. Como personas caídas, tenemos debilidades de carácter que tienden a seguir las líneas de la personalidad.

Por ejemplo, junto con mi fortaleza temperamental equilibrada y con mi debilidad debido a mi indecisión viene un arraigado y autoprotectivo temor al conflicto. En especial cuando involucra a gente que tiene el poder de herirme, tengo una tendencia arraigada a evitar enfrentarlos; aun cuando es lo correcto para hacer. Me encuentro justificándome a mí mismo en un nivel casi inconsciente, en cómo yo puedo evitar estropear la relación. Aun cuando resuelvo hacer esto, a menudo termino desertando hasta cierto punto, cediendo o no presionando el asunto tanto como debiera. Aquellos que me conocen mejor a veces expresan desilusión con esta debilidad, y me enferma admitirlo. He visto que Dios me ha cambiado en esta área con los años, pero difícilmente me puedo jactar de que he sido completamente transformado. Permanece como un defecto vergonzoso en mi carácter.

Uno de mis mejores amigos es un líder de nacimiento. Tiene excelente discernimiento, ve la dirección que necesitamos seguir, es capaz de impartir esta visión y motivar a la gente en esta dirección, y (tan importante para los líderes) él tiene la piel dura cuando se trata de la crítica. No es de extrañar que, ¡él no es la persona más cálida del mundo! A menudo no nota a la gente que le dice hola, ¡probablemente porque él está pensando hacia dónde quiere Dios guiar a nuestra iglesia! Él lucha con la impaciencia cuando la gente responde con lentitud a su liderazgo. Es más difícil para él que para otros, disculparse o expresar su aprecio. Yo sé que mi amigo está abierto a Dios en estas áreas, porque lo he visto cambiar con los años. Pero el cambio es lento, y mientras tanto la gente continúa siendo lastimada de muchas maneras por este dotado líder. Otros, en especial aquellos que no tienen estas debilidades de carácter, a veces dicen "¿por qué él no cambia?"

¿Cómo debemos ver estas debilidades? Aunque están definitivamente relacionadas con la personalidad, no son simplemente debilidades de personalidad. Son asuntos morales. El carácter de Cristo incluye cosas como la valentía para confrontar, la sensibilidad y compasión, la humildad para disculparse. Así que, ¿cómo nos "aceptamos los unos a los otros" en esta área de asuntos de carácter relacionados con la personalidad?

La respuesta bíblica a esta pregunta es todavía otro imperativo de "unos a otros"; soportarse. Dirigiéndose a la importancia de la unidad entre los cristianos, Pablo nos insta a "... anden como es digno del llamamiento con que fueron llamados: con toda humildad y mansedumbre, con paciencia, *soportándose los unos a los otros* en amor, procurando con diligencia guardar la unidad del Espíritu en el vínculo de la paz" (Efesios 4:1-3 RVA-2015). En un pasaje paralelo él dice: "... como escogidos de Dios, santos y amados— vístanse de profunda compasión, de benignidad, de humildad, de mansedumbre y de paciencia; *soportándose los unos a los otros* y perdonándose los unos a los otros, cuando alguien tenga queja del otro. De la manera que el Señor los perdonó, así también háganlo ustedes. Pero sobre todas estas cosas, vístanse de amor, que es el vínculo perfecto" (Colosenses 3:12-14 RVA-2015). Soportarse es la "grasa" que lubrica las relaciones cristianas cercanas.

En ambos pasajes, Pablo vincula el soportarse con la paciencia. Soportarse no significa negar los pecados de los demás, o negarse a confrontar sus problemas de carácter. Esta es una conveniente abdicación de la responsabilidad del amor. Más bien, significa que mostramos paciencia mientras lidiamos con los problemas de pecados los unos de los otros. Como la palabra lo sugiere, involucra disposición a "soportar" los bordes morales ásperos de las personas. Por amor, aceptamos el hecho de su profundamente arraigada caída, y acordamos aguantar la incomodidad relacionada con esta persona caída. Entendemos que el verdadero cambio probablemente vendrá lentamente, y que mientras tanto, recibiremos algunos de los golpes y heridas que vienen de relacionarse con esta persona. Sí, en efecto; hay un lugar para la disciplina seria y la confrontación. Sí, hay un momento para apartarse de la cercanía en una relación debido a la no disposición de la otra persona a cambiar teniendo un comportamiento seriamente dañino. Pero ni aun las mejores relaciones entre cristianos en crecimiento pueden sobrevivir sin abundantes dosis de soportarse. Sin esto, nos distanciaremos los unos de los otros y dejaremos de ayudarnos a cambiar mutuamente, o nos cansaremos los unos de los otros y terminaremos la relación.

¿Cómo podemos echar mano de este tipo de paciencia? Obviamente, ¡comienza dándonos cuenta de que somos tan caídos como las personas con las cuales lidiamos! Aunque nuestros problemas de carácter generalmente parecen menos notorios que otros, también son irritantes, también causan heridas a los que nos aman. Solo pregunta a tus amigos más cercanos si no crees esto; pero, ¡prepárate para escuchar la verdad! Darse cuenta de esto puede ser útil cuando nos estamos sintiendo cansados de las aristas morales ásperas de los demás.

En un nivel infinitamente más serio, piensa cómo las deficiencias de nuestro carácter deben irritar al Dios Santo ¡que no tiene problemas de carácter! Pero él nos soporta, él es paciente con nosotros, y nos aguanta una sorprendente cantidad de imperfecciones que hay en nosotros. Es la gracia de Dios hacia nosotros, más que ninguna otra cosa, lo que nos motiva a soportarnos unos a otros.

Conclusión

Aceptarnos unos a otros expone la grandeza del carácter de Dios. Esto es lo que Pablo quiere decir cuando dice: "... acéptense mutuamente, así como Cristo los aceptó a ustedes *para gloria de Dios*" (Romanos 15:7 NVI). La disposición de Cristo para hacerse humano e ir hasta la cruz demostró el amor y la santidad y la sabiduría de Dios de una manera que nunca será superada. A través de Cristo, Dios encontró una forma de aceptar a la gente pecadora, rebelde sin transigir en su propio carácter justo. A través de toda la eternidad, los ángeles no caídos y los seres humanos redimidos continuarán maravillándose con esta increíble revelación de la excelencia de Dios.

No podemos hacer nada para superar esta revelación, pero podemos hacer algo para complementarla. Podemos aceptarnos unos a otros de las maneras que hemos estudiado en este capítulo. Aunque esta aceptación siempre será imperfecta, no obstante, muestra algo que glorifica a Dios. Mientras aprendemos cómo relacionarnos unos con otros de manera que se regocijen en legítima diversidad sin transigir la verdad de Dios, demostramos algo del carácter de Dios a una humanidad rota que anhela la unidad en medio de la diversidad, pero no sabe cómo lograrla. Mientras descubrimos que nuestra unidad en Cristo nos capacita para formar relaciones de amor con la gente que de otra manera nunca hubiéramos sido amigos, ¡podemos dar gracias a Dios por esta bendición personal que también lleva testimonio de su grandeza!

Preguntas para el Debate

1. Debate sobre otros ejemplos de transigencia espiritual y fanatismo espiritual con los que estás personalmente familiarizado. ¿Cómo dañan la reputación de Cristo?

2. Debate las formas en las que tu iglesia podría colaborar con otras iglesias que difieren en doctrinas no esenciales y filosofías de ministerio, para demostrar en forma práctica la unidad en Cristo.

3. ¿Qué factores considerarías al decidir si practicas el soportar o la confrontación con los pecados de otra persona?

9 – Edificando al Cuerpo de Cristo

> ...que, hablando la verdad en amor, crezcamos en todos los aspectos en aquel que ... Cristo, de quien todo el cuerpo (estando bien ajustado y unido por la cohesión que las coyunturas proveen), conforme al funcionamiento adecuado de cada miembro, produce el crecimiento del cuerpo para su propia edificación en amor (Efesios 4:15-16).

Ser un ser humano es algo complicado. Tenemos demasiados deseos, muchos de los cuales parecen estar en conflicto unos con otros. Algunos de estos deseos son realmente contradictorios; debemos escoger algunos y rechazar otros. Por ejemplo, a veces me gustaría ser materialmente rico. Supuestamente hay muchas buenas razones para seguir este deseo, pero la Biblia me advierte no hacerlo porque es idolatría (Mateo 6:24), que finalmente también terminará en miseria personal (1Timoteo 6:9-10). Debido a que creo que la Biblia es verdad, intento resistir esta inclinación y la reemplazo por otra que la Biblia ratifica; ser espiritualmente rico a través del servicio sacrificial para Cristo. Así que me tambaleo tratando de discernir entre estos dos deseos, resistiendo uno y alimentando el otro.

Sin embargo, a veces los deseos que parecen contradictorios son en realidad complementarios. Tal es el caso con el tema de este capítulo.

Por un lado, todos tenemos el deseo de ser partes anónimas de un movimiento cuyos objetivos son más grandes que nosotros. Por otro lado, todos tenemos el deseo de sobresalir como individuos, de destacar en formas que muestren que importamos realmente. Experimentamos estos dos diferentes deseos todo el tiempo. Yo disfruto ser uno de los miles de fanáticos apoyando a mi equipo de baloncesto favorito. Hay algo singularmente estimulante de estar en un estadio con miles de otras personas que apoyan al mismo equipo. Mi participación individual es casi totalmente anónima, pero gran parte de mi satisfacción personal viene de alentar al equipo. Por otra parte, yo también disfruto jugar baloncesto. Aunque no soy una estrella, siento una increíble satisfacción al hacer un buen pase, bloquear un tiro, o encestar el balón. ¿Cómo armonizar estos dos deseos? Claramente, estos no necesitan armonizar porque no son contradictorios. Están en tensión el uno con el otro, en el sentido de ser deseos diferentes, pero esta tensión es saludable. Ser un fanático y ser un jugador del equipo van juntos.

Los buenos entrenadores son adeptos a cultivar esta tensión en todos sus jugadores. Ellos motivan a cada jugador a estar más involucrado con las metas de todo el equipo, y también ayudan a cada jugador a jugar un rol específico que ayudará al equipo a ganar. Los entrenadores exitosos son rápidos para reprender a un jugador que juega con un estilo acaparador, pero también confrontarán a los jugadores que pierden de vista la importancia de sus roles individuales. En los equipos con "química" ganadora, los jugadores no solo tienen habilidades y roles complementarios, sino que también tienen una mentalidad que confirma ambos deseos.

Esta tensión dinámica está presente en muchos aspectos de la sociedad humana. En el lugar de trabajo, todos necesitan "poseer" los objetivos de la compañía y encontrar un rol individual que contribuya significativamente hacia esos objetivos. En la guerra, todo un país debe comprometerse en el esfuerzo de la guerra, y cada individuo debe contribuir de diversas maneras.

¿Qué tiene todo esto que ver con los cristianos amándose unos a otros? ¡Montones! Dios inculca esta tensión dinámica, creativa en nosotros, y esta encuentra su máximo cumplimiento en una relación con Jesucristo y la participación fiel en su Cuerpo, la iglesia. Consideremos el siguiente pasaje desde esta perspectiva:

> Pero a cada uno de nosotros se nos ha concedido la gracia conforme a la medida del don de Cristo... Y Él dio a algunos el

ser apóstoles, a otros profetas, a otros evangelistas, a otros pastores y maestros, a fin de capacitar a los santos para la obra del ministerio, para la edificación del cuerpo de Cristo; hasta que todos lleguemos a la unidad de la fe y del conocimiento pleno del Hijo de Dios, a la condición de un hombre maduro, a la medida de la estatura de la plenitud de Cristo;... sino que hablando la verdad en amor, crezcamos en todos los aspectos en aquel que es la cabeza, es decir, Cristo, de quien todo el cuerpo (estando bien ajustado y unido por la cohesión que las coyunturas proveen), conforme al funcionamiento adecuado de cada miembro, produce el crecimiento del cuerpo para su propia edificación en amor (Efesios 4:7-16)

Por un lado, cada cristiano es parte de un equipo que tiene ciertos objetivos corporativos divinamente establecidos. A través de la iglesia, Dios quiere traer más y más gente a Cristo, y él quiere traer a toda esa gente a una madurez espiritual en Cristo. Estos son objetivos verdaderamente válidos para nuestras vidas, y como cristianos necesitamos poseer estos objetivos tan fuertemente que nos regocijemos sinceramente cuando veamos progreso en esta dirección, y que estamos dispuestos a sacrificar otros objetivos personales cuando estos amenazan seducirnos y sacarnos de este propósito mayor. Por otro lado, cada cristiano también ha sido dotado de manera única para hacer una contribución individual significativa hacia estos objetivos generales. Cada uno de nuestros roles son significativos porque los objetivos corporativos se ven afectados por nuestra elección, es decir, si escogemos cumplir nuestros roles o no, y cuán bien los cumplimos.

Evalúa Tu Participación

El siguiente cuadro es una forma conveniente de pensar acerca de tu participación en la iglesia de Dios.

Alta participación corporativa y baja participación individual	Alta participación corporativa y alta participación individual
Baja participación corporativa y baja participación individual	Alta participación individual y baja participación corporativa

El objetivo de este cuadro no es fijar a nadie en una categoría, porque todos podemos cambiar. Pero es difícil movernos, a menos que conozcamos dónde estamos y en qué dirección necesitamos ir. Obviamente, el objetivo es movernos hacia el cuadrante del cuarto derecho superior, que representa la voluntad de Dios para nuestras vidas como lo expresa Pablo en Efesios 4. ¿Cuál cuadrante describe mejor tu propia participación en la iglesia? Una vez que identificas esto, puedes dar pasos prácticos para ir acercándote al objetivo.

Baja Participación Corporativa e Individual: Nominalismo

Este cuadrante describe a mucha gente en la escena de la iglesia norteamericana. La mayoría de los norteamericanos pertenecen o asisten a una iglesia, pero su participación es esporádica y superficial. Muchos norteamericanos aceptan esto como normal y apropiado. De hecho, aquí es donde muchos de nosotros comenzamos nuestra relación con Cristo, pero no es saludable quedarse aquí. Hacerlo es conformarse con la participación nominal en el cuerpo de Cristo.

Para algunos, el primer paso más allá del nominalismo es darse cuenta que venir a Cristo es distinto de la membresía o la participación en una iglesia local. Como un evangelista regularmente les recordaba a sus oyentes: "¡Ir a la iglesia no te hace un cristiano, al igual que entrar a un taller no te hace ser un auto!" Primero, necesitamos recibir personalmente a Cristo y comenzar una relación con él. Entonces, sobre esa base, debemos involucrarnos en una iglesia local para crecer en nuestra relación con Cristo. El orden es crucial. Las iglesias locales saludables están conscientes de esta idea errónea y regularmente corrigen esto frente a aquellos que asisten. [25]

Pero lo triste es que muchos verdaderos cristianos se quedan en este nivel bajo de relación con otros cristianos. El mito de "no necesito a otros cristianos porque tengo a Cristo" está ampliamente expandido en una cultura como la nuestra que glorifica al individualismo a expensas de la comunidad. Por lo tanto, es fácil para los cristianos norteamericanos estar cómodos en esta rutina. Sin embargo, como lo he dicho en este libro, debemos estar dispuestos a involucrarnos más con otros cristianos si esperamos crecer espiritualmente y ser fructíferos en nuestras vidas cristianas. Las iglesias locales saludables apelan a los verdaderos cristianos a hacerlo, y facilitan una mayor participación de diversas maneras (algunas de las cuales se encuentran más abajo).

Alta Participación Corporativa y Baja Participación Individual: Grandes Reuniones en el Anonimato

Muchos cristianos nuevos asisten regularmente a las reuniones grandes de adoración o a los estudios bíblicos. Ellos tienen un hambre natural por aprender la Biblia y estar alrededor de otros cristianos. Ellos se consideran comprometidos con sus iglesias, y generalmente están conscientes y apoyan los objetivos generales de la iglesia. También suelen invitar a sus amigos no cristianos a estas reuniones, porque desean que ellos descubran lo que han recibido en Cristo.

---

[25] Mi propia iglesia no tiene una membresía formal por esta razón. Ya que la Biblia enseña que todos los verdaderos cristianos son automáticamente miembros de la iglesia, sentimos que es algo confuso tener membresía para nuestra propia expresión local del cuerpo de Cristo. ¿Por qué no mantener el énfasis en recibir a Cristo y tener una participación saludable en la iglesia local?

Muchas iglesias locales consideran este nivel de participación como suficiente, pero no cumple con la norma bíblica. De hecho, a menos que vayas más allá, tu participación probablemente será aburrida y muy pronto mecánica. Una vez que desaparece el estímulo de aprender nuevas verdades bíblicas, puedes verte tentado a retroceder a una participación corporativa menor. Muchos cristianos pasan sus vidas cristianas fluctuando entre estos dos cuadrantes, perdiendo, desgraciadamente, el entusiasmo y la plenitud que ellos podrían tener con una mayor participación en el cuerpo de Cristo.

Los Grupos Hogareños

Por supuesto, el desafío es comenzar a practicar el mandato de Jesús de "amar los unos a los otros". Para la mayoría de nosotros, esta es una decisión distinta para involucrarse más profundamente con un grupo más pequeño y específico de cristianos. Esto es sin duda la razón por la cual la iglesia primitiva se reunía en las casas al igual que en grupos más grandes (Hechos 2:46; 20:20; Romanos 16:4). Estas reuniones debieran ser más que otro estudio bíblico en un lugar más pequeño. También debieran proveer un marco práctico para el tipo de participación relacional continua descrito en las cartas del Nuevo Testamento. Idealmente, los nuevos cristianos deben involucrarse en grupos hogareños tan pronto como vengan (o aún antes) a Cristo. En este ambiente, ellos pueden recibir el cuidado personal y la instrucción que los ayuda a comenzar bien y crecer derechos.

Los líderes sabios de la iglesia enfatizarán los grupos hogareños, porque esos grupos facilitan de manera práctica la mayor participación individual mucho más que la prédica de muchos sermones sobre el tema. Ninguna cantidad de enseñanza bíblica puede explicar la diferencia entre asistir a la iglesia y estar en comunión; porque una imagen es mejor que mil palabras. Hay varias claves para el ministerio saludable de un grupo hogareño, incluyendo el entrenamiento efectivo de liderazgo y la disposición a dar libertad significativa a los líderes laicos en sus ministerios. ²⁶ Hoy, mucho material de lectura y de conferencias provee ayuda a pastores que quieren llevar a sus iglesias en esta dirección. Pero los pastores también debieran involucrarse en los grupos hogareños si ellos esperan que estos sean parte del ethos de su iglesia. Más aún, ellos no sabrán como entrenar a otros líderes laicos de grupos hogareños a menos que lideren grupos hogareños ellos mismos.

Discipulado Personal

Especialmente en el contexto de un grupo hogareño, es aconsejable también buscar oportunidades para discipular a cristianos jóvenes. "Discipulado" en este sentido significa escoger estar involucrado en forma personal y consistentemente con un cristiano joven para ayudarlo a aprender a cómo caminar con Cristo y servir a los demás. Es principalmente practicar los imperativos "los unos a los otros" descritos en este libro con un cristiano joven que quiera madurar espiritualmente. Todos los cristianos pueden eventualmente llegar a ser efectivos discipulando a otros, y este ministerio es esencial para la vida saludable de la iglesia. También es uno de los ministerios más gratificantes en que podemos involucrarnos. Muchos de nosotros hemos experimentado la emoción de guiar a otra persona a Cristo; ¡es difícil imaginar algo más satisfactorio que esto! Pero el apóstol Juan, que guió a muchas personas a Cristo, dice que encontró algo más gratificante: "No tengo mayor gozo que éste: oír que mis hijos andan en la verdad" (3Juan 1:4 NBLA). Sus "hijos" probablemente era la gente que él personalmente había pastoreado y discipulado. Nada superaba el gozo que él experimentaba cuando los veía madurar y ser siervos fieles de Cristo. ¿Qué padre no estaría deleitado de ver a sus hijos crecer y madurar y ser adultos responsables que aman a Jesucristo y le sirven fielmente? Aquellos que discipulan cristianos jóvenes pueden multiplicar este gozo muchas veces más.

Es relativamente fácil comenzar un ministerio de discipulado. Todo lo que necesitas es un cristiano joven que quiera crecer espiritualmente y

---

²⁶ Ver el Apéndice 2 para un desarrollo completo de estas claves.

la disposición de tu parte para enseñarle lo que tú has aprendido en esta área. Te encontrarás con muchas sorpresas, desafíos, y algunas desilusiones en el camino, pero aquellos que se involucran en este ministerio generalmente se quedan en él, porque es profundamente gratificante. Discipuladores experimentados han registrado sus percepciones en este tema, en diversos libros.[27] Otros en tu iglesia pueden tener valiosa experiencia en discipulado que estarían gustosos de compartir contigo. Idealmente, todos los líderes y obreros en tu iglesia están comprometidos para discipular cristianos jóvenes. Esto crea un medio ambiente rico en conocimiento y apoyo. ¿Por qué no tomar este desafío y pedirle a Dios que te guíe hacia un cristiano hambriento que puedas discipular?

El Ministerio que Utiliza los Dones Espirituales

También necesitas descubrir y ejercer tus dones espirituales en los ministerios específicos dentro de tu iglesia. Los dones espirituales son habilidades dadas por Dios para servir a los demás y así el cuerpo de Cristo se edifica. Dios da dones a cada cristiano, y debido a que ama la variedad, hay combinaciones ilimitadas y diferentes niveles de habilidades en cada cristiano. A través del ejercicio fiel de nuestros dones espirituales, podemos hacer una contribución única a la obra de Jesucristo y experimentar la satisfacción única de ministrar en las áreas de nuestros dones.

El Nuevo Testamento no contiene instrucción directa sobre cómo descubrir los dones espirituales. Este asunto, que es el tema de muchos libros populares y de enseñanzas, evidentemente nunca fue un problema apremiante en la iglesia primitiva. Pablo y otros parecían asumir que los cristianos pueden descubrir sus dones. Ellos enfatizan

---

[27] Ver por ejemplo, Robert Coleman, *The Master Plan Of Evangelism [El Plan Maestro de Evangelismo]* (Old Tappan, N.J.: Fleming H. Revell, 1987); Leroy Eims, *The Lost Art of Disciple-Making* (Grand Rapids: Zondervan Publishing House, 1982); Leroy Eims, *Laboring in the Harvest* (Colorado Springs: Navpress, 1985); Waylon Moore, *Multiplying Disciples* (Colorado Springs: Navpress, 1981); Christopher Adsit, *Personal Disciple-Making* (San Bernardino: Here's Life Publishers, Inc., 1988); Dennis McCallum y Jessica Lowery, *Discipulado Orgánico* (Libros Casassa, 2020).

en cambio, la importancia de usar estos dones fielmente para servir a los demás en amor (ver Romanos 12:3-8; 1Corintios 12:4-13:13; Efesios 4:11-16; 1Pedro 4:10-11).

Muchos de los pasajes escriturales concernientes a los dones espirituales se encuentran en el contexto de los imperativos "los unos a los otros". Este hecho nos provee una pista obvia, pero a menudo ignorada para descubrir nuestros dones: dado que los dones son para el servicio, ¡debemos comprometernos a servir a los demás si queremos descubrir y desarrollar nuestros dones! Si desarrollamos un estilo de vida orientado a amar a otros cristianos, nuestros dones espirituales especiales emergerán gradualmente. Debido a que los grupos hogareños y el discipulado personal facilita este estilo de vida, estos compromisos también llegan a ser pasos prácticos para descubrir nuestros dones. Si, por el contrario, no estamos dispuestos a relacionarnos de manera consistente con otros en amor sacrificial, probablemente permanezcamos en la oscuridad respecto a nuestros dones espirituales.

Muchas iglesias proveen ayuda para evaluar y desplegar a sus miembros en los ministerios apropiados para sus dones, su madurez espiritual, sus cargas ministeriales y sus situaciones de la vida. Ahora tenemos disponible una variedad de material escrito útil sobre este tema. [28] Pero mientras estés dispuesto a servir a Dios, pídele sinceramente que te guíe y toma alguna iniciativa, él te guiará a los roles de ministerio que ha diseñado para ti. Dios a veces, hace esto atrayendo tu atención hacia otros cristianos cuyos ministerios, se aproximan de alguna manera a su diseño para ti. A veces él te alerta acerca de necesidades de ministerio que no están cubiertas y que se juntan con un deseo de servir en esta área. A veces él te desafía a servir en un área en la que te sientes no cualificado y no tienes interés; y luego te sorprende mostrándote que tú tienes las habilidades en esta

---

[28] Ver Kenneth C. Kinghorn, Discovering Your Spiritual Gifts (Grand Rapids, Francis Asbury Press, 1981); Bruce L. Bugbee, Networking (Pasadena: Charles E. Fuller Institute, 1991); Robert E. Logan and Janet Logan, Spiritual Gifts Implementation: Moving from, Gifts Discovery to Ministry Placement (Pasadena: Fuller Evangelistic Association, 1986).

área y lo disfrutas. Todos los siervos cristianos tienen sus propias historias de cómo Dios los guió a sus roles específicos de ministerio. Esto no es sorpresa, ya que somos personas y Dios nos guía personalmente. Lo importante es que sigamos su liderazgo, y entonces seamos mayordomos fieles de sus dones.

Alta Participación Individual y Baja Participación Corporativa: La Cultura Silo

El mundo de los negocios a veces llama a esta condición "la cultura silo". Los departamentos pueden llegar a estar tan enfocados en lograr sus propias cuotas de producción que ellos definen el éxito solamente con estos objetivos. La compañía puede estar perdiendo lentamente el negocio, pero ellos se sienten fantásticos porque están logrando sus objetivos. O, por el contrario, la compañía puede estar progresando bien, pero ellos se sienten frustrados y amargados porque no recibieron las asignaciones que ellos querían para llevar a cabo los objetivos que ellos establecieron. Cada departamento se convierte en un silo; separado de los otros departamentos.

Los obreros cristianos a menudo desarrollan esta condición. Ellos pueden tener relaciones cercanas y roles específicos de ministerio, pero fácilmente pueden llegar a estar espiritualmente miopes. Inmersos en sus relaciones y ministerios, ellos pierden de vista el panorama general. En cambio, comienzan a ver sus roles como lo más importante; y el resto de la iglesia como un grupo de apoyo o como rival. Ellos hasta pueden llegar a estar resentidos, si deben sacrificar sus objetivos individuales para que la iglesia como un todo pueda avanzar.

Hemos tenido que enfrentarnos a esta mentalidad en nuestra iglesia. Felizmente, siempre hemos enfatizado la importancia de los objetivos ministeriales individuales. Animamos a los grupos hogareños y a los equipos ministeriales a planear activamente y perseguir sus propios objetivos bíblicos. Nuestro liderazgo de la iglesia se ha enfocado principalmente en equipar a la gente para el ministerio y delegar liderazgo en la gente que Dios ha levantado. Esto ha dado como resultado una fuerza de trabajo activa y altamente motivada. Todo esto es bueno, y espero que siempre mantengamos este ethos.

Pero, también tiene su inconveniente potencial. En este medio ambiente, es fácil para algunos de los grupos hogareños y de los equipos ministeriales -- y para los individuos liderando esos grupos-- olvidar que ellos son parte de un esfuerzo mayor. Ellos pueden perder de vista (y el interés en) los esfuerzos y objetivos corporativos de la iglesia. Hasta pueden comenzar a verse los unos a los otros como competidores por los recursos limitados de la iglesia. Cuando los líderes de toda la iglesia toman decisiones difíciles, estratégicas, de presupuesto, y estructurales, los obreros a veces comunican su exasperación acerca de que sus ministerios no recibieron mucho reconocimiento como ellos hubieran preferido. En el peor de los escenarios, se podrían desarrollar feas guerras de territorio, con ministerios completos decidiendo partir y tomar su propio camino porque la iglesia los está reprimiendo.

¿Cómo podemos evitar esto? Hasta cierto punto, esos peligros no se pueden erradicar sin eliminar a la vez la motivación que viene de la participación personal en la comunión cristiana y el ministerio. Los pastores se han dado cuenta desde hace mucho tiempo del potencial de la división que viene con el énfasis del ministerio y el liderazgo laico. Esa es una razón por la que muchos pastores no están dispuestos a equipar y utilizar líderes laicos extensamente. Por último, debemos decidir que los beneficios de este ethos valen los riesgos que vienen con él. Además, las divisiones son comunes hasta en las iglesias que no enfatizan este nivel de propiedad individual. ¡Los cristianos siempre pueden encontrar cosas por las cuales pelear! Aun así, podemos minimizar los riesgos de dar ciertos pasos. Primero, es importante para la iglesia juntarse en reuniones grandes. Howard Snyder explica la genialidad de las reuniones de los pequeños y grandes grupos de la iglesia del Nuevo Testamento, de esta manera:

> Cada creyente debe ser capaz de sentirse él mismo un recipiente de la unidad corporativa mayor del pueblo de Dios... La iglesia se debe reunir de forma regular como una gran congregación... Esta es una razón por la que la comunión de los grupos pequeños, esenciales como son, no son suficientes en sí para sostener la vida de la iglesia. Las células individuales del cuerpo de Cristo deben ver y sentir su unidad con el cuerpo.[29]

En nuestra propia iglesia, no tenemos las instalaciones adecuadas para reunirnos regularmente como grupo. Pero animamos fuertemente a todos a asistir regularmente a una de nuestras reuniones grandes semanales, y pedimos a los líderes de los grupos hogareños y a los equipos ministeriales que modelen esta expresión práctica de involucramiento en la iglesia grande. En estas reuniones, nos reunimos para estudiar la palabra de Dios y para estar informados acerca de lo que Dios está haciendo en otras partes de nuestra iglesia. Tenemos un retiro anual para toda la iglesia. Esta es una celebración de un fin de semana, cuando todos pueden reunirse y experimentar el ser una gran familia. Esto también da al liderazgo la oportunidad de dirigirse a cada uno con respecto a la visión en general y los objetivos de la iglesia. También tenemos reuniones mensuales y un retiro anual para nuestros líderes laicos, que les ayuda a mantener un interés saludable por toda la iglesia.

Segundo, podemos cultivar una ética de interés en lo que Dios está haciendo en otras partes de nuestra iglesia. Permanecer en contacto con amigos cristianos que tienen comunión y ministran en diferentes grupos hogareños. Aprender sobre lo que Dios está haciendo en otros equipos de ministerio, y cuáles son las necesidades generales de tu iglesia. El liderazgo de tu iglesia debiera modelar este tipo de interés y comunicar regularmente esta información, pero tú también puedes preguntar e investigar. En mi propio grupo hogareño, que es principalmente para estudiantes universitarios y solteros, invitamos a un equipo de ministerio diferente para dirigirse a nuestro grupo en

---

[29] Howard Snyder, The Problem of Wineskins (Downers Grove: InterVarsity Press, 1975), pp. 106-107

cada término de trimestre. Nuestros miembros escuchan acerca de lo que Dios está haciendo en otras partes de nuestra iglesia, de la gente que está personalmente involucrada y ellos también se enteran de cómo pueden participar en esos ministerios si lo desean.

Tercero, podemos comprometernos a orar regularmente y dar financieramente para la obra general de la iglesia. Cuando tomamos tiempo para orar por la gente y las situaciones más allá de nuestro círculo inmediato de relaciones, estamos cultivando el espíritu de equipo que la Biblia propone. Dios aumenta nuestra preocupación por el éxito de la iglesia, y nos damos cuenta de que podemos ser colaboradores vitales a través de la intercesión consistente. El dar financieramente de manera consistente y con sacrificio es la forma de expresar y aumentar nuestra relación en la obra corporativa de la iglesia. Con los años, a menudo he observado una correlación entre los obreros cristianos que desarrollan una "cultura silo" y un hábito de dar pobremente a la iglesia. Uno podría argumentar que el hábito de dar pobremente es el resultado de esta mentalidad, más que la causa de ella. Este es sin duda el caso en algunas circunstancias, pero es igualmente común que a través de nuestras ofrendas expresemos nuestro compromiso, como Jesús lo hizo notar cuando dijo: "... donde tengan ustedes su tesoro, allí estará también su corazón" (Lucas 12:34 NVI). De todas formas, cultivar esta práctica y recomendarla a otros, nos ayuda a mantener un interés en toda la iglesia.

El Nuevo Testamento nos llama a interesarnos de manera práctica no solo por toda la iglesia local a la cual pertenecemos, sino también a la obra de Cristo a través de toda su iglesia en todo el mundo. Pablo fue ejemplo de esta actitud como apóstol, y él llamó a los cristianos a orar y ayudar a los ministerios que están lejos de sus iglesias locales. Hoy, a través del aumento de la tecnología en las comunicaciones, podemos hacer esto de maneras que Pablo nunca se imaginó. De hecho, la cantidad de información puede ser abrumadora. Por esta razón, es generalmente mejor seleccionar unas pocas áreas de la obra global de Cristo y ser fieles en la oración y el sustento financiero. A medida que nuestra habilidad para servir crece, podemos entonces expandir nuestro alcance en esta área. [30]

Conclusión

De los cuatro cuadrantes descritos antes, ¿cuál describe mejor tu participación con otros cristianos? Ya que Dios quiere que todos nosotros nos movamos hacia la participación alta tanto individual como corporativa, ciertamente, él nos proveerá los recursos para conseguirlo. Pídele a Dios que te muestre qué pasos prácticos necesitas dar hacia este objetivo; y luego, ¡da el paso en fe para seguir lo que él te muestre! Este camino involucrará dar algunos pasos temibles en el sendero, pero ¡te lleva a la vida espiritual que es crecientemente fructífera y gratificante!

Preguntas para el Debate

1. ¿Cuál de estos cuatro cuadrantes describe mejor tu propia participación en la comunión cristiana? ¿Qué factores justifican esto?

2. ¿Qué pasos específicos puedes dar hacia una participación más saludable en la comunión cristiana?

3. Comenta cómo podrías ayudar a otros amigos cristianos a moverse hacia un involucramiento más saludable en la comunión cristiana.

---

[30] He enfatizado la iglesia local en este capítulo no porque la conexión con cristianos fuera de este ambiente sea erróneo o poco importante, sino porque la participación que cambia la vida en la comunión cristiana y el ministerio, se desarrolla en este tipo de involucramiento saludable en la propia iglesia local.

Apéndice 1:

Confidencialidad en el Cuerpo de Cristo

¿Es correcto hablar de los pecados de nuestros amigos cristianos con otros amigos cristianos, aun cuando ellos no quieren que hagamos esto? ¿Cómo debemos responder a este pedido?: "Quiero confesarte algo, pero debes primero prometerme que no le contarás a nadie". ¿Cuándo está bien guardar esa información confidencialmente, y cuándo está mal hacerlo?

No es posible involucrarse en la verdadera comunión cristiana sin enfrentar de manera regular este asunto. Porque tenemos una red de relaciones, y porque nos interesan las personas, no solo hablamos los unos a los otros acerca de nuestros problemas; sino también hablamos de los problemas de nuestros amigos en común. [31]

Imagina una familia en la cual los miembros hablan los unos a los otros de sus problemas, pero nunca hablan de los problemas de los unos, con los otros miembros de la familia. Si la familia está cenando y un miembro no está, ¿qué podría ser más natural que preguntar dónde está él o ella? Y si él o ella está involucrado en algo que está mal o doloroso, ¿qué podría ser más natural para los otros miembros de la familia que hablar del asunto? ¿Cómo verías tú a una familia que nunca habla de algo así? "Cerrada" y "muy unida" ciertamente no serían los términos.

---

[31] Este apéndice debate la confidencialidad respecto de las relaciones personales informales entre los cristianos. Por supuesto, hay ciertos escenarios en los cuales estamos legalmente obligados a divulgar la información o la confidencialidad. Muchas leyes estatales requieren que las iglesias tengan personal pagado para informar de los abusos de niños. Generalmente se pide a los consejeros profesionales que practiquen la estricta confidencialidad respecto a la mayoría de la información que le entregan sus clientes. Se recomienda a los lectores que conozcan y practiquen sus responsabilidades legales en sus roles profesionales específicos.

Si los cristianos son hermanos y hermanas en la familia de Dios, ¿deberían hablar los unos a los otros de los miembros de la familia incluyendo hablar de sus pecados y sus problemas? ¿Es esta una señal de comunión cristiana sana, o es anormal? Depende de varios factores.

¿Cuál es la Posición Bíblica?

A primera vista, la Biblia parece dar una guía contradictoria en este asunto. Varios pasajes bíblicos nos instan a callarnos acerca de los pecados de los otros. Varios otros pasajes nos instan a hablar de ellos.

"No Digas Nada"

Varios pasajes condenan fuertemente el contar a otras personas acerca de los problemas de los demás. El libro de Proverbios está lleno de esas advertencias: "El chismoso traiciona la confianza; no te juntes con la gente que habla de más" (Proverbios 20:19 NVI). "La gente chismosa revela los secretos; la gente confiable es discreta" (Proverbios 11:13 NVI). "El que perdona la ofensa cultiva el amor; el que insiste en la ofensa divide a los amigos" (Proverbios 17:9 NVI). "Defiende tu causa contra tu prójimo, pero no traiciones la confianza de nadie, no sea que te avergüence el que te oiga y ya no puedas quitarte la infamia" (Proverbios 25:9-10 NVI). "El perverso provoca contiendas, y el chismoso divide a los buenos amigos" (Proverbios 16:28 NVI).

Pablo hace la diferencia entre chisme y difamación. La difamación es comunicar una información que sabemos que es falsa, mientras que el chisme es comunicar de manera inadecuada la información que creemos que es verdadera. Él nos dice que tanto la difamación como el chisme son manifestaciones de la depravación humana y son completamente impropias para los cristianos (ver Romanos 1:29; 2Corintios 12:20). Él también condena a los entrometidos por estar "hablando de lo que no deben" (1Timoteo 5:13; 2Tesalonicenses 3:11).

Jesús nos dice en Mateo 18:15, "Y si tu hermano peca, ve y repréndelo a solas". La insistencia de Jesús en la confrontación a solas implica el deseo de resolver el asunto de forma privada, si es posible.

Todos hemos visto el desastre que el chisme puede causar: herir sentimientos, confianza erosionada, relaciones rotas. Cuando los cristianos de forma habitual se involucran en chisme, ellos crean una atmósfera de desconfianza que destruye la comunidad. La gente no quiere abrirse con nadie sobre sus problemas porque se dan cuenta de que otros probablemente pueden usar esta información en contra de ellos. Es una razón por la que, en muchas iglesias, la gente vive aislada unos de otros. Ellos han aprendido, de la manera difícil, a no confiar los unos en los otros.

"Dilo"

La Biblia habla tan fuertemente, de la necesidad de hablar a otros de los pecados de los demás. Debido a que este énfasis es menos común, lo desarrollaré con más detalle.

Muchas formas de disciplina requieren compartir esa información. En el mismo pasaje donde Jesús nos habla de confrontar a la otra persona privadamente, él continúa diciendo que, si el asunto sigue sin resolverse, "lleva contigo a uno o a dos más, para que toda palabra sea confirmada por boca de dos o tres testigos" (Mateo 18:16). Esto se puede referir a traer a otros que también fueron testigos de la ofensa, porque el que es confrontado niega que él o ella haya cometido una ofensa. Pero, también, puede significar que involucra a otros que están de acuerdo en que tal comportamiento es erróneo, porque el que es confrontado admite la acción, pero niega su inmoralidad. Por supuesto, en el último caso, las nuevas partes deben ser informadas de la ofensa. No importando cómo uno entienda el versículo 16, Jesús claramente enseña en el versículo 17 que, en algunos casos, debemos revelar el pecado no confesado a toda la iglesia. "Y si rehúsa escucharlos, dilo a la iglesia". Como cristianos, tenemos la libertad para pecar, pero no tenemos el derecho a insistir en que otros cristianos escondan nuestro pecado a aquellos que necesitan saberlo.

De manera similar, Pablo nos dice que: "No admitas ninguna acusación contra un anciano, a no ser que esté respaldada por dos o tres testigos" (1Timoteo 5:19 NVI). Debiéramos esperar que los ancianos sean calumniados ocasionalmente debido a la naturaleza de su trabajo, y debiéramos confiar en que su integridad es tal que se requiere pruebas sólidas para probar que ellos han actuado inmoralmente. Pero con esta protección viene una mayor responsabilidad de dar cuentas. "A los [ancianos] que pecan, repréndelos en público para que sirva de escarmiento" (v. 20). Los líderes cristianos son figuras públicas, y cuando ellos transigen en su liderazgo por causa de serio o repetido pecado, ellos deben estar preparados para que esta información la sepan los demás. Esto es probablemente parte de lo que Santiago quiere decir cuando dice que los maestros "recibiremos un juicio más severo" (Santiago 3:1).

En Gálatas 6:1 (NVI), Pablo dice: "si alguien es sorprendido en pecado, ustedes que son espirituales deben restaurarlo con una actitud humilde". La palabra sorprendido probablemente significa justo eso; sorprendido por otros cristianos que observan su pecado. "Ustedes que son espirituales" puede referirse a todos los cristianos, en cuyo caso Pablo simplemente está repitiendo el mandato de Jesús en Mateo 18:15.

Pero es probable que "ustedes que son espirituales" se refiera a aquellos cristianos gálatas más maduros que habitualmente "caminan en el Espíritu" (Gálatas 5:16,25), y, por lo tanto, que pueden hacer un mejor trabajo de restaurar a los cristianos descarriados. Por supuesto, en este caso, el que "sorprende" a la persona necesitaría informar a los "espirituales". En otras palabras, estaría bien decirles acerca de los pecados de esta persona, para que así podamos restaurar al ofensor lo más rápida y efectivamente posible.

Muchos pasajes del Nuevo Testamento hablan de liderazgo plural en la iglesia local. En uno de estos pasajes, 1Pedro 5:2 (RVA-2015), Pedro dice: "Apacienten el rebaño de Dios que está a su cargo". Es decir, los ancianos de la iglesia local deben trabajar juntos para proveer dirección, protección y corrección a los otros miembros. Por supuesto, esta forma de enfocar el pastoreo implica que los ancianos a veces deberán compartir la información acerca de los pecados de los miembros, para decidir juntos cómo restaurarlos mejor. Esta es probablemente una razón por la que los diáconos deben ser "de una sola palabra" (1Timoteo 3:8). Los líderes de la iglesia deben demostrar la habilidad de manejar la información delicada con sabiduría y discreción, precisamente porque ellos están al tanto de esa información.

Los cristianos del primer siglo a veces compartían información acerca del pecado de otros cristianos, de maneras que los apóstoles consideraban apropiadas. Por ejemplo, en 1Corintios 1:11, Pablo cita a la "gente de Cloé" como su fuente de que los corintios estaban llenos de bandos y divisiones. Con toda probabilidad, "la gente de Cloé" eran cristianos que trabajaban para una empresaria cristiana prominente (Cloé). Puede que ellos hayan visitado Corinto y presenciaron los problemas en la iglesia. No sabemos si ellos confrontaron a los corintios por sus pecados; solo sabemos que se lo hicieron saber a Pablo. De todas formas, está claro que Pablo consideró esta divulgación de los pecados de los corintios como útil. Yo dudo que él hubiera sido comprensivo hacia una queja por parte de los corintios, ¡que la gente de Cloé no tenía derecho a decirle esto a Pablo!

La metáfora de la iglesia como el cuerpo de Cristo, también defiende el compartir información acerca de los pecados de los unos y de los otros. Cuando un miembro de mi cuerpo tiene una infección, de alguna manera esta información es comunicada a muchos otros órganos. Mi médula ósea produce glóbulos blancos y a través del sistema linfático los envía al lugar de la infección. Si me tuerzo el tobillo, el resto de mis músculos necesitan saber esto para que puedan compensarlo. Los miembros de nuestro cuerpo comparten la información libremente los unos con los otros para que nuestro cuerpo pueda crecer y estar saludable. La lepra es una enfermedad insidiosa precisamente porque detiene el flujo de información hacia los otros miembros del cuerpo. Los leprosos pierden los dedos de las manos y de los pies porque estos se hieren y permanecen sin ser auxiliados debido a que los nervios ya no comunican el dolor al resto del cuerpo.

Ya que la iglesia es el cuerpo de Cristo, sus miembros deben compartir información unos con otros, no solo de nuestros propios pecados, sino también de los pecados de los demás; para que así podamos ayudarnos unos a otros. Como miembros del mismo cuerpo, nos afectamos por lo que le pasa al otro: "Si uno de los miembros sufre, los demás comparten su sufrimiento" (1Corintios 12:26NVI). Por lo tanto, debemos ayudarnos mutuamente, y para hacer esto, debemos saber los fracasos como también las victorias de cada uno.

Los cristianos generalmente son rápidos para contar acerca de sus victorias y ansiosos de que otros tengan esa información. Pero normalmente somos reacios a compartir nuestras derrotas con otros, y nos enfurecemos si comparten esta información con otros, aun cuando lo hacen para ayudar. Si nos sometemos a la ley mordaza al no compartir esta información, nuestras relaciones serán, por lo tanto, superficiales y nuestra vitalidad y efectividad disminuirá.

Si una iglesia llena de chisme es desagradable, así también es una iglesia tiranizada por el derecho a la privacidad individual. Más aún, esa iglesia se ha conformado a los valores de nuestra cultura secular. La cultura occidental, que aprecia el individualismo, enfatiza este derecho a expensas de la responsabilidad individual de la comunidad. La mentalidad que dice: "mi vida es solo asunto mío y solo aquellos que yo quiero que sepan, tienen el derecho a saber" es una que destruye la comunión tan efectivamente como la mentalidad que comparte la información personal indiscriminadamente.

Hoy, es cada vez más común para los cristianos compartir información personal solo con los pastores o consejeros profesionales, y bajo una regla de confidencialidad estrictamente impuesta. Mientras que hay situaciones en las que tal acuerdo es válido, no debería ser la norma. La idea de que debemos compartir nuestros problemas serios solo con los profesionales no es bíblica para la comunión cristiana; más bien es una triste caricatura de esta. Si nos negamos a confiar información sobre nuestros problemas a nuestros amigos cristianos, tendremos una creciente privacidad a expensas de la comunidad.

Compartir Información Confidencial Versus Chisme

Estos dos escenarios de material bíblico no son contradictorios. En las relaciones de amor auténticas, hay ocasiones cuando es mejor guardar esa información para ti, y hay ocasiones cuando es mejor compartirla con alguien más. Más específicamente, hay veces cuando ese compartir es chisme ilegítimo, y hay veces cuando es un compartir legítimo de información confidencial. Los médicos frecuentemente comparten unos con otros la información confidencial respecto a la condición de sus pacientes. Esta es una característica importante y común de la práctica médica. Los médicos pueden ser más efectivos con sus pacientes si pueden recurrir a la mutua experiencia y pericia. Este mismo tipo de otorgamiento puede y debe darse entre los cristianos cuando ellos consideran cómo ayudar a sus amigos cristianos mutuos. El otorgamiento es diferente del chisme en varias formas importantes. Consideremos las siguientes distinciones entre estas dos formas de compartir.

- El otorgamiento está motivado por un deseo de ayudar a la otra persona y edificar a la iglesia. En otras palabras, está motivada por el amor. El chisme carece de este compromiso por el bien de la otra persona. Es estar dispuesto egoístamente a herir a la otra persona para ganar ventaja sobre él, o para experimentar la emoción de hablar de sus faltas.

- El otorgamiento involucra compartir información confidencial solo con gente responsable que puede ayudar. Cuando conferimos, estamos solicitando el consejo de otros cristianos que comparten nuestro deseo de ayudar para que podamos ser más efectivos al dar esta ayuda. El chisme involucra compartir esa información con quien queramos, sin considerar cómo esto podría afectar a aquellos de quienes vamos a hablar.

- Este otorgamiento involucra hablar solo de problemas presentes, y cualquier contexto pasado que sea necesario para entender más exactamente el problema actual. El chisme involucra hablar de problemas pasados o asuntos puramente personales. También descuida o distorsiona el contexto, porque está más preocupado de esparcir lodo.

- Este otorgamiento incluye un compromiso para hablar con la persona de la cual estamos confiriendo, si esto corresponde. El chisme disfruta hablando de alguien más que hablando con la persona misma.

- Este otorgamiento promueve la confianza y la apertura entre los cristianos, y en la misma medida, tiende a reducir el chisme porque modelamos este tipo de discurso redentor los unos a los otros. El chisme promueve el miedo y la desconfianza entre los cristianos. También promueve más el chisme, dado que los cristianos seguirán hablando de los problemas los unos de los otros, pero al no tener un ejemplo saludable para conferir, la gente tiende a chismear.

¿Cuándo Conferir y Cuándo Quedarse en Silencio?

No hay reglas simplistas para cuándo debemos compartir información confidencial y cuándo debemos quedarnos en silencio. Pero hay principios bíblicos que, junto con la guía personal del Espíritu Santo, nos ayudan a tomar decisiones sabias en esta área.

Aceptar la Carga de la Confianza Responsable, pero No de la Confidencialidad

Excepto donde hay restricciones legales obligatorias, no deberíamos asumir que esa información es confidencial en el estricto sentido de la palabra. En cambio, debemos manejar este tipo de información con confianza responsable. Debemos ver la confesión de otra persona como información preciosa, que no es para ser compartida liviana o irresponsablemente. Pero tampoco debemos ver esa información como algo que automáticamente nos ata a un voto de silencio, porque puede haber buenas razones para compartirla con otros.

Si otro cristiano comparte sus problemas de pecado conmigo, él está confiando en que yo haga con esta información lo que yo piense que es mejor para su bienestar, como también para el bienestar de la iglesia. Entonces, la pregunta no es "¿es esta información confidencial?", sino más bien, "¿cuál es la forma más responsable y útil de responder?" Esta es verdaderamente una diferencia clave, porque hay una suposición de apertura hacia los recursos de otros cristianos, en lugar de una supuesta de prohibición.

Por esta razón, cuando alguien dice: "quiero compartir algo contigo, pero debes prometerme primero que no se lo dirás a nadie". Yo interrumpo a esa persona, y le digo: "lo siento, pero no te lo prometeré. Quizás necesite hablar con otros acerca de lo que tú me compartas. Puede estar moralmente mal que yo lo mantenga en secreto. Puedo prometerte que seré responsable con lo que me compartas. Pero si me cuentas, debes estar dispuesto a confiar en que yo haré lo que pienso que es lo mejor con esta información". Esta respuesta hace que la otra persona piense en las razones para confiar en mí, y me ahorra potenciales problemas. A menudo, no hay necesidad de hablar con otros, pero aun así es una buena oportunidad para que la persona sepa cómo funciona la comunión cristiana.

La confianza responsable también significa que, si estimo necesario conferir con otros sobre esta situación, normalmente le diré a la persona que confió en mí, que pienso que es necesario. No estoy pidiendo permiso a la persona para conferir; sino más bien estoy haciéndole saber que es la mejor forma de ayudarle. Por supuesto, que él esta bienvenido a venir conmigo a compartir dicha información con otro obrero. No tengo ninguna razón para sentirme avergonzado o incómodo acerca de conferir porque lo estoy haciendo por su bien.

Algunos pueden pensar que es una extraña forma de lidiar con los pecados confiados, pero he encontrado que es extremadamente útil para todos los involucrados. Soy libre para buscar la ayuda que necesito, y así puedo ayudar a mi hermano(a). Está obteniendo la ayuda extra que necesita, y también a menudo está aprendiendo cómo los cristianos deben ayudarse mutuamente en esta área. Aquellos que realmente desean ser libres de sus pecados generalmente están dispuestos a lo que sea para lograr esta libertad. Sin embargo, aquellos que quieren dictar cómo debes manejar la información generalmente están confiando en ti por las razones equivocadas. Ellos pueden querer aliviar sus conciencias sin enfrentar su responsabilidad. Al decidir si conferir o no, hay algunas guías básicas que nos ayudan para tomar esta decisión.

¿Hay Alguien Herido por Tu Silencio sobre Esta Situación?

Muchos asuntos son de una naturaleza tan personal que no hay una buena razón para conferir con otros. Muchos asuntos se refieren a pecados pasados que tienen poco o nada de ramificaciones en el presente. Cuando este es el caso, generalmente no es necesario conferir con otros. Muestra a la persona la gracia de Dios, y anímale a compartir con otros si siente la necesidad, porque un compartir así puede profundizar la amistad.

Sin embargo, muchos pecados afectan directamente a otros individuos o al testimonio de la iglesia. Consideremos el pecado de adulterio con otro miembro de la iglesia. El cónyuge del adúltero tiene un derecho moral de conocer acerca de esta violación de los votos maritales. La verdadera restauración marital requerirá confesión, arrepentimiento, y perdón. Además, este asunto puede escandalizar a la iglesia. Mantener silencio sobre esto es entrar en una conspiración del mal.

Lo correcto a hacer en esta situación es insistir en que la persona que ha confiado, confiese este pecado a su cónyuge, e involucrar a otros obreros de la iglesia que pueden ayudar a restaurar a las personas involucradas. Debes ofrecer ayudarle a dar estos pasos, pero debes insistir en que los dé y dejar claro que tú llevarás la información a aquellos que deben conocerla si él se niega a hacerlo. Esto puede sonar duro, pero es la medicina necesaria para sanar una herida grave.

¿Qué Rol Juega el Confesor en la Iglesia?

Aquellos que tienen roles de liderazgo tienen mayor responsabilidad de dar cuentas a la iglesia. Si un cristiano nuevo te confiesa que abusaba de drogas o alcohol, el asunto probablemente no necesita ir más allá a menos que él quiera compartirlo con otros. Pero, ¿qué pasa si un anciano de nuestra iglesia te confía un pecado similar? Debido a que está en una posición de liderazgo, él tiene más responsabilidad hacia la iglesia como un todo, por este abuso de confianza. Él debe rendir cuentas especialmente a los otros ancianos de la iglesia, confesar su falta moral y someterse a su plan de disciplina y restauración. Debieras ofrecerle ayuda para hacer esto, pero deja claro que te asegurarás que lo que ocurra será por el bien de la integridad de la iglesia.

Entre estos dos escenarios hay varios roles diferentes en la iglesia: obrero a cargo de los jóvenes nuevos, líder de grupo hogareño, maestro público. El principio a observar es que el obrero debe dar cuenta al líder (o líderes) del ministerio en el que él está trabajando y, por lo tanto, debe divulgar esta información a ellos y someterse a su juicio sobre cómo resolverlo.

¿Por qué y Con Quién Quieres Tú Conferir?

Debieras ser capaz de expresarte claramente a ti mismo, por qué quieres conferir con otra persona sobre el problema confiado. ¿Te sientes confuso sobre cómo ayudar a la persona? ¿Tiene alguien más una responsabilidad de conocer esta información? O ¿solo tienes una picazón de decirle a alguien sobre sus jugosas noticias? También debes ser capaz de identificar a la(s) persona(s) con la cual podrías conferir. ¿Quién tiene más experiencia con este tipo de situaciones? ¿Quién conoce mejor a esta persona? Responder a estas preguntas a veces requiere meditarlo en oración, y es una buena medida protectora contra divulgar importante información de manera indiscreta o en chisme.

¿Cuál es Tu Tendencia para Manejar Dicha Información?

¿Tienes la tendencia a automáticamente a compartir esa información con otros? Si es así, pregúntate por qué no deberías guardarte esto para ti. Podría de hecho haber buenas razones para conferir con otros, pero deberías estar seguro que tú les conoces antes de hacerlo. ¿Tienes la tendencia a guardar esos asuntos para ti cuando tú deberías buscar la ayuda de otros? Si es así, deberías ser capaz de justificar por qué no estás confiriendo con otro cristiano sabio sobre este asunto. ¿Estás inseguro sobre tus tendencias en esta área? ¿Por qué no preguntar a otro obrero cristiano que te conozca bien para que te dé su franca opinión acerca de esta parte de tu carácter? Ese conocimiento de uno mismo es vital para aquellos que desean servir al Señor efectivamente.

Conclusión: Dos Actitudes para Resistir

Resistir el Chisme

Como cristianos, debiéramos resistir vigorosamente el chisme en el cuerpo de Cristo. Todos nosotros hemos chismeado, y todos nosotros tenemos la capacidad de chismear de nuevo. Nuestras naturalezas caídas siempre desearán usar la información sobre otros para exaltarnos a nosotros mismos a expensas de ellos. Debiéramos aprender a identificar este deseo y juzgarlo antes de llegar al chisme. Cultivar el hábito de preguntarnos "¿Por qué quiero contarles a otros sobre los pecados de esta persona?" Te ahorrará mucho daño, tanto a otros como a ti mismo. Cuando somos culpables de chisme, debemos tomar la iniciativa de disculparnos por esto y hacer todos los cambios posibles.

Sin ser farisaico, debiéramos también hacer oídos sordos al chisme sobre otros. Si tú disciernes a alguien chismeando, considera preguntarle "¿Por qué nos estás diciendo esto?" o "¿Qué dijo la persona cuando tú la confrontaste acerca de este problema?" Quizás necesitas presionarlo para que hable con la otra persona en vez de contigo. Quizás debieras instarle a abortar el chisme dado que no es nada constructivo. Debemos disciplinar fuertemente los chismes impenitentes; hasta el punto de potencialmente vetar a los chismosos de nuestras iglesias hasta que se arrepientan (Tito 3:10).

Sin embargo, es posible llegar a ser excesivamente escrupuloso acerca de resistir el chisme. Si estamos involucrados profundamente tratando de servir a los demás, experimentaremos frustración con la gente y sus problemas. Si nunca experimentas este tipo de frustración, puedes ser muy maduro; pero probablemente no estás involucrado lo suficiente con los pecadores.

Los obreros cristianos deben tener una forma de descargar estas frustraciones con sus amigos cercanos y sus colaboradores. A veces, no necesitamos conferir y no queremos chismear, sólo queremos desahogarnos sobre lo difícil que es tratar con alguien. Simplemente no sería normal, por ejemplo, que una esposa no expresara su frustración con alguien a su marido. Si bien podemos abusar de esto, es una provisión de las amistades cercanas. Pero con esta provisión viene la responsabilidad de ayudarnos gentilmente los unos a los otros, cuando sea necesario, a tener una actitud más constructiva hacia la persona que nos frustra.

Resistir el "Derecho a la Privacidad"

De la misma forma debiéramos resistir vigorosamente la mentalidad de derecho a la privacidad. Sí, hay buenas razones para instar a otros a ser discretos acerca de su conocimiento de tus pecados. Sí, es sabio no compartir tus problemas con un probado chismoso. Sí, hay a veces una razón válida para reprender a alguien que ha chismeado acerca de ti. Pero no es posible protegernos de estos riesgos a menos que estemos dispuestos a sacrificar la cercanía relacional con otros.

Tristemente, este es el precio que mucha gente está dispuesta a pagar por su derecho a la privacidad. En el mundo, donde los no cristianos no tienen una base real para confiar el uno en el otro, esto es entendible y hasta esperado. Pero ¡no debiera ser así entre los cristianos! En el cuerpo de Cristo, debiéramos valorar la riqueza de las relaciones de amor, lo suficiente para arriesgar la posibilidad de chismear.

¿Cuál es la razón más común de por qué no queremos que otros sepan acerca de nuestros pecados? ¿No es nuestro deseo orgulloso de mantener una buena fachada, o el deseo de lidiar con nuestras inseguridades controlando cómo otros nos tratan? Cristo vino a liberarnos de esta atadura. Él nos ha hecho hijos de Dios y nos ha dado una nueva identidad. Porque sabemos que Dios nos acepta a pesar de toda nuestra pecaminosidad, podemos comenzar a ser menos auto protectores y más abiertos con otros. De hecho, necesitamos dar un paso de fe para hacer esto si queremos experimentar más profundamente la seguridad de la aceptación de Dios.

El cristiano que dice: "soy abierto con Dios sobre mis pecados, pero no seré abierto con otros cristianos", está probablemente engañándose a si mismo. La apertura con Dios llevará a la apertura con otros cristianos, porque como he argumentado en este libro, Dios nos ministra a través de su cuerpo. Si andamos en la luz con Dios, tendremos abierta comunión los unos con los otros (1Juan 1:7).

Mientras más maduros espiritualmente llegamos a ser individual y corporativamente, más abiertos seremos los unos con los otros sobre nuestros pecados. Una de las señales de una iglesia saludable es que la gente conoce los pecados y problemas los unos de los otros, y todavía se aman los unos a los otros. Debiéramos preferir el riesgo del chisme y corregirlo cuando ocurra, más que renunciar a este tipo de apertura en nuestras amistades con otros cristianos.

Apéndice 2:

Diez Claves para el Éxito de los Grupos de Comunidades Hogareñas

La necesidad de ministerio efectivo de grupo pequeño está implícita en el Nuevo Testamento. Si la iglesia local va a desarrollar verdaderamente los dones espirituales de sus miembros, y va a movilizar el tremendo poder del Espíritu Santo para obrar a través de un laico entrenado y experimentado, necesitará grupos pequeños donde el entrenamiento y la experiencia puedan darse.

Xenos Christian Fellowship es una iglesia independiente en Columbus, Ohio, que ha hecho mucho uso del liderazgo de laicos para el ministerio de grupos pequeños hogareños. De hecho, los grupos hogareños son el foco central de esta iglesia. El tipo de ministerio de grupos pequeños usado en este caso también ha dado como resultado la buena moral por parte de varios cientos de líderes laicos de comunidad hogareña, y los cientos de otros graduados del curso de entrenamiento de dieciocho meses ofrecido a los miembros. Debido a este éxito, el personal ministerial de Xenos es frecuentemente llamado por otros pastores para consultas respecto al establecimiento y/o administración del ministerio laico de grupos pequeños en sus propias iglesias.

A través de estas reuniones, descubrimos que los ministerios de grupos pequeños no son una idea nueva. De hecho, la mayoría de las iglesias evangélicas parecen haber tratado de establecer una red de grupos pequeños en algún u otro momento. Al mismo tiempo, la mayoría de estos esfuerzos no tienen éxito hasta cierto punto. A menudo la pregunta hecha es "¿Qué hemos estado haciendo mal?" Con frecuencia la iglesia ha cancelado ya sea todo el proyecto de comunidad hogareña, o tienen considerables problemas.

Los problemas encontrados al tratar de establecer un ministerio de grupos hogareños, a veces incluye una falta de participación e interés por parte de los miembros de la iglesia. A veces una pequeña minoría de la iglesia avanza con dificultad, no dispuesta a admitir fracaso en el programa, y desarrollar una teología de "remanente fiel" que justifica, en el campo teológico, la falta de crecimiento y falta de participación de parte de los otros miembros.

Los fracasos frecuentes no son el resultado de oposición divina a la idea de los grupos pequeños, o que "nuestro tipo de gente no es el correcto para este tipo de cosas". En cambio, hay varias buenas razones teológicas y prácticas de por qué estos grupos generalmente fracasan.

1. La base de los grupos hogareños en la teoría eclesiástica del Nuevo Testamento

Tanto el ejemplo como el fundamento en el Nuevo Testamento sostienen que los grupos pequeños son la característica clave de la iglesia local. En el área del ejemplo bíblico, Hechos 2:46 manifiesta que la iglesia de Jerusalén se reunía "en el templo" y "de casa en casa..." Con relación a las reuniones en el Templo, sabemos que el pórtico de Salomón era probablemente bastante grande, y podría haber acomodado incluso a los varios miles que eran parte de la iglesia de Jerusalén.

Pero, los apóstoles no consideraban estas grandes reuniones, en sí, como suficientes. Debiera ser obvio que, si solo se llevaran a cabo reuniones muy grandes, daría como resultado una atmósfera impersonal. La red de relaciones personales que debería caracterizar a la comunidad de la iglesia requiere el apoyo de la iglesia local misma a través de la provisión de los formatos de reuniones de grupos más pequeños tales como los descritos en este pasaje.

En otro caso, Pablo les recuerda a los ancianos de Éfeso que él los había exhortado tanto "públicamente y de casa en casa" (Hechos 20:20). En este pasaje, "públicamente" probablemente se refiere a la sala de clase de Tirano (Hechos 19:9). Es importante ver que Pablo no limitaba su ministerio de exhortación a los grandes lugares, aunque estuvieran disponibles.

Pablo aparentemente se refiere a las diversas iglesias en casas en la ciudad de Roma (Romanos 16:4,10,11,14,15). En 1Corintios 14:35 Pablo menciona las "iglesias" en plural, después que ya se había referido a "la iglesia de Dios que está en Corinto" (1Corintios 1:2) en singular. Parece claro en esta y otras referencias que era práctica común tener un conjunto de iglesias en casas en cada ciudad, las que continuaban trabajando todas juntas con los mismos ancianos. Es probablemente significativo que no se hayan encontrado edificios de iglesias del período de la iglesia primitiva (A.D. 33-150), e incluso aquellas del segundo siglo eran casas a las que se les añadía una habitación grande.

Los principios del Nuevo Testamento respecto a los asuntos de la vida de cuerpo, dones espirituales, y el hecho de que el verdadero ministerio espiritual es de la incumbencia de cada miembro en la iglesia local no pueden llevarse a la práctica en un escenario de grupo grande (ver Romanos 12; 1Corintios 12, 14; Efesios 4:11-16; Colosenses 2:19). Es necesario proveer ambientes de grupos más pequeños donde las relaciones pueden crecer entre los miembros. Entonces los miembros podrán descubrir las necesidades de los demás, y suplir esas necesidades a nivel individual.

Lamentablemente, cuando las iglesias intentan iniciar un ministerio de grupos pequeños, ellos a veces no enseñan a la gente que el propósito de la reunión es practicar estos principios bíblicos. El resultado a veces es una impresión errónea por parte de la mayoría de los participantes. Los miembros a menudo sienten que la reunión es principalmente una reunión social, o un lugar donde "mis necesidades son suplidas", más que "un lugar donde puedo desarrollar un ministerio".

La primera tarea al comenzar este tipo de ministerio es lanzar una ofensiva de enseñanza en la iglesia. El objetivo sería establecer un entendimiento y una visión de la eclesiología del Nuevo Testamento en las mentes de los participantes.

2. Seguir el criterio correcto al seleccionar líderes

La Biblia enseña que se debe usar el criterio espiritual para seleccionar los líderes. Los requisitos para un diácono (1Timoteo 3:8-13) servirían bien para una selección inicial de los líderes de un grupo de comunidad hogareña. Sin embargo, demasiado a menudo, la iglesia designa hombres y mujeres para el liderazgo en base a las habilidades seculares, situación laboral, niveles de donaciones, o antigüedad en la iglesia. El resultado es generalmente una reunión que no es espiritualmente muy edificante o interesante. Después que los líderes han sido seleccionados en base al carácter y conocimiento, ellos también deberían ser evaluados en base a la verdadera función o rol. Cuando Jesús dice "mis ovejas oyen mi voz", él nos está dando una forma básica de reconocer a un buen pastor. El liderazgo de un(a) cristiano(a) no puede ser considerado auténtico hasta que alguien está dispuesto a seguirlo(la).

En muchas iglesias, puede ser muy difícil determinar quiénes son nuestros líderes auténticos, debido a que no ha habido amplia oportunidad para que ellos sean probados en el liderazgo. En estos casos, tendremos que escoger líderes en base al mejor criterio posible. Luego, cuando los grupos dirigidos por laicos se han establecido, debería ser posible evaluar la efectividad del trabajo hecho por los miembros más comprometidos del grupo. En igualdad de condiciones, los obreros más efectivos deben ser los primeros para ser puestos al frente.

3. Dar verdadera autoridad a los líderes

Si la comunidad hogareña se va a forjar según los principios bíblicos de las iglesias en casas, entonces a los líderes de los grupos se les debe permitir que tengan sus propios grupos funcionando como lo hacían los líderes de las iglesias en casas del Nuevo Testamento. En el Nuevo Testamento, los autores amonestan a sus lectores a respetar a sus líderes y seguir su liderazgo en el funcionamiento de la iglesia en casa (1Corintios 16:16; Hebreos 13:17; 1Tesalonicenses 5:14).

A veces, las iglesias imponen una estructura sobre el grupo pequeño que es demasiado limitada. Esta estructura puede incluir un plan de estudio, y una larga lista de restricciones normativas. El efecto resultante generalmente sofoca la iniciativa y debilita la motivación. Los líderes se dan cuenta rápidamente que ellos están funcionando como agentes del liderazgo existente en la iglesia, pero que ellos mismos son líderes solo de nombre. Cuando la iglesia requiere que los líderes del grupo hogareño informen virtualmente de todas las decisiones, esto claramente sugiere que son incompetentes para tomar sus propias decisiones. (A veces ellos son incompetentes, pero la iglesia debe hacerse responsable por esto también).

Normalmente, tampoco es deseable abandonar todo control sobre las acciones de los líderes de las comunidades hogareñas, porque los líderes laicos generalmente no están tan bien entrenados como los pastores profesionales. Por lo tanto, es necesario sopesar cuidadosamente cuáles áreas son dejadas a la discreción de los líderes de los hogares, y cuáles áreas deben ser consultadas con la autoridad más alta de la iglesia. El punto al tomar esta decisión es llegar a un equilibrio que evite que ocurran errores serios (aunque no hay garantía de que todos los problemas puedan evitarse), mientras se delega la autoridad para tomar decisiones a los líderes de la comunidad hogareña.

4. Cultivar un enfoque evangelístico

Los grupos pequeños a menudo se establecen con el objetivo primero de comunión en vez de evangelismo. Mientras la calidad de la comunión es una de las recompensas del ministerio del grupo pequeño, es un fundamento inadecuado para cualquier grupo cristiano. Si solo tenemos la comunión como nuestro objetivo, el grupo está esencialmente centrado en sí mismo, o auto enfocado. Por lo tanto, no sorprende que tales grupos estén propensos a la división y al descontento. Esto es porque el evangelismo y las misiones son el contexto natural dentro del cual la comunión debe darse. Cuando un grupo de gente se ocupa de ellos mismos excluyendo al mundo exterior, es seguro que viene la insatisfacción. No debemos estar dispuestos a considerar la opción de manejar todo el evangelismo en la reunión grande y limitar a los grupos pequeños a un rol exclusivamente de comunión. Si los grupos en casa son para cristianos solamente, entonces, ellos deberían poner como su objetivo el incorporar nuevos cristianos, y debería haber algún mecanismo para detectar a estos nuevos cristianos que asisten a la reunión grande e invitarlos a las reuniones pequeñas.

El punto de que Hechos 2:46 dice que la iglesia de Jerusalén estaba "partiendo el pan en los hogares" pero no menciona el evangelismo es un tanto discutible, ya que el pasaje no menciona dónde ocurría el evangelismo. Por otro lado, en 1Corintios 14:24, Pablo claramente contempla a "no creyentes" entrando a una reunión interactiva, aparentemente una iglesia en casa (ver v. 26,34).

5. *Adoptar medidas para la disciplina de la iglesia*

En los casos donde las comunidades hogareñas están establecidas sin adoptar medidas disciplinarias, emerge un patrón familiar y muy angustiante. Algunas personas son atraídas a los grupos pequeños por las razones equivocadas. Están aquellos que vienen a aprovecharse de los demás, o simplemente a usar al grupo para ser el centro de atención.

El impacto de esa gente es mayor en un grupo pequeño de lo que sería en una reunión grande. Como resultado, todo el carácter del grupo puede alterarse a tal punto que se hace difícil atraer personas nuevas, o hasta mantener el interés y la lealtad de los miembros productivos.

El Nuevo Testamento provee una solución para este tipo de situación. Aquellos miembros que están dispuestos a dañar a otros o a sí mismos deben ser confrontados en amor por su actitud y/o acciones (ver 1Tesalonicenses 5:14; Mateo 18:15). Si no son receptivos, una cantidad legítima de presión puede aplicarse, hasta el punto de sacarlos del grupo.

Según la Biblia, este tipo de disciplina en amor no es opcional, aunque por supuesto, la aplicación de esta debe ser con gracia, y apta para las necesidades del individuo, como también del grupo. Para prevenir abusos o legalismo, se debe consultar a los ancianos en los casos donde se considere emitir un ultimátum.

6. Los líderes y obreros deben ser responsables de su ministerio

La Biblia indica que junto con el privilegio de estar en autoridad viene la responsabilidad de estar bajo autoridad. Esta es una de las razones para la práctica del Nuevo Testamento de tener liderazgo de grupo en la iglesia local (ver Hechos 14:23; Tito 1:5; 1Pedro 5:2, "entre ustedes"). Aunque nadie trataría de comenzar un negocio sin rendir cuentas, este principio a menudo no es instituido cuando se establecen las comunidades hogareñas, debido a que se deja un solo líder a cargo de cada grupo hogareño.

El modelo que mantiene al líder del grupo hogareño rindiendo cuentas ante el liderazgo mayor de la iglesia, es inadecuado. También es necesario que aquellos que están a cargo puedan disentir o estar de acuerdo. Cuando los pastores o los ancianos tratan de liderar grupos pequeños a la distancia, ellos no tienen forma de saber lo que verdaderamente pasa. Ni tienen tiempo para visitar a cada grupo de manera regular para ver cómo van las cosas.

Por lo tanto, encontramos que los grupos de comunidades hogareñas que se establecen sin liderazgo de grupo incurren en problemas destructivos. Los líderes se convierten en presa fácil de ataques satánicos. El equilibrio que ocurre generalmente producto de la interacción de los líderes en una reunión de líderes está faltando; lo que a veces podría terminar en extremos doctrinales, u otros abusos. Además, los líderes y/u obreros que no se están mutuamente reportando sus avances de manera regular, podrían dejar de hacer su trabajo, o podrían perder oportunidades importantes.

Un núcleo unificado de líderes es una buena defensa contra la reacción exagerada y la división. Los líderes deben ser amonestados para que aprendan a llevarse bien unos con otros. En los casos donde ellos no pueden concordar, ellos deben buscar el arbitraje de un anciano u otro líder reconocido de la iglesia.

7. *Ofrecer equipamiento adecuado a líderes potenciales*

La Biblia no contempla la opción de que la iglesia local le diga a su gente que se vaya a otro lugar a buscar entrenamiento. De acuerdo con Efesios 4:11,12 es la responsabilidad del liderazgo de la iglesia local proveer entrenamiento de calidad en la obra cristiana ("la obra de servicio") para su propia gente. Cuando el liderazgo de una iglesia decide no tener un ministerio de grupos pequeños porque sus "laicos" son demasiado ignorantes, esto no es una excusa; es una confesión de culpa.

Para muchas iglesias, el primer paso hacia un ministerio de comunidad hogareña exitoso sería el establecimiento de un curso de un año de duración, de entrenamiento ministerial teológico y práctico profundo para los propuestos líderes.

Si ya hay una cantidad adecuada de líderes que tienen algún conocimiento bíblico, sería preferible tener este entrenamiento mientras los grupos hogareños están en funcionamiento, para que así ellos puedan usar inmediatamente el conocimiento que adquieren. Esto impide la acumulación de conocimiento muerto y también evita crear la impresión de que la obra cristiana es más difícil de lo que realmente es.

Al mismo tiempo, completar el curso de entrenamiento, no necesariamente, dará como resultado el nombramiento del líder de grupo pequeño. Esa decisión tendrá que depender, también, de otras consideraciones como el desarrollo del carácter, y un registro del servicio sacrificial hacia otros.

8. Establecer objetivos de multiplicación, e idear un plan para multiplicar los grupos hogareños.

En muchos casos, la existencia de una comunidad hogareña es vista como un fin en sí. Como lo mencionamos antes, esta falta de mente misionera tiene un efecto negativo en el grupo. Por otro lado, los buenos grupos pequeños tienden a no permanecer pequeños. Por lo tanto, cuando una casa se llena con gente, los grupos tienden a perder mucho de su carácter interactivo.

Además, el evangelismo tiende a mermar porque no hay espacio para la gente nueva. En casos como este, es natural dividir el grupo para preservar el tamaño pequeño del grupo, mientras al mismo tiempo, se alcanza a más gente.

A menos que un plan esté ideado para la división que anime al evangelismo, el discipulado, y el equipamiento, las comunidades hogareñas tienden a resistirse a la multiplicación. Los líderes de la iglesia deben establecer reglas básicas que ayuden a garantizar el éxito para los grupos nuevos, con un mínimo de alteración de las relaciones que se han desarrollado. De otra manera, el sistema tendrá la tendencia a sofocar la iniciativa y castigará al éxito. En otras palabras, la perspectiva de los líderes podría bien ser, "mientras más rápido crece nuestro grupo, más rápido nos separaremos de los buenos amigos que hemos hecho hasta ahora".

9. Ver los grupos hogareños como centrales para la vida de la iglesia

En algunas iglesias, la reunión grande de adoración y/o reuniones de enseñanza son vistas como esenciales, pero el grupo pequeño es considerado como una opción; útil para algunos, pero no necesariamente normativo para el involucramiento saludable en la iglesia local.

Como lo señalamos antes, esta perspectiva ignora el punto de vista bíblico que el cuerpo local depende de la función individual de todos y cada uno de los miembros (Efesios 4:15,16). Debemos resistir la tentación a diluir esta enseñanza (por ejemplo, enseñar que la intención de este pasaje es dar dinero el domingo o servir como ujier). Si permitimos que este entendimiento sobre la iglesia predomine, no habrá una fuerte motivación para ejercer muchos dones espirituales, o ayudar a que el ministerio de los grupos pequeños prospere.

Si la iglesia no establece una visión de involucramiento total en la mente de sus miembros, esto dará como resultado un nivel muy pobre de participación en el programa de comunidad hogareña. A menudo, solo aquellos con poco que hacer invertirán el tiempo que significa estar completamente involucrados. Para obtener la ayuda de nuestros más dotados miembros necesitaremos enseñar que la participación en la misión hogareña y en las comunidades es una oportunidad emocionante para llevar a cabo finalmente la experiencia cristiana normal en toda su extensión.

Es la responsabilidad del liderazgo en la iglesia local cultivar un consenso en la iglesia que ponga énfasis adecuado en este tipo de ministerio. Ese consenso puede crearse sin recurrir al legalismo. Es necesario solo que el liderazgo verdaderamente crea en el concepto, y esté dispuesto a enseñarlo y practicarlo en sus propias vidas.

10. Los pastores deben ver los grupos hogareños como una oportunidad más que como una amenaza

Puede haber varias razones de por qué los pastores se sienten amenazados por los grupos hogareños dirigidos por laicos. Hay peligros en el área de la falsa enseñanza. Sin embargo, por eso la Biblia enseña sobre la necesidad de "supervisores" o ancianos. Los ancianos también deben entrenar a la fuerza de trabajo "laica" para que ellos sean capaces de enseñar la sana doctrina.

Es posible que algunos líderes prefieran el control que ellos tienen cuando ellos son los únicos líderes en la iglesia. Este sentimiento es entendible, especialmente cuando un pastor ya está teniendo problemas para controlar la iglesia. Sin embargo, un ministerio de grupos hogareños de este tipo no aumentaría la carga de trabajo del pastor a la larga. La clave para mantener la calidad del ministerio, incluso para una iglesia creciente, es delegar el trabajo a otros miembros.

El hombre o la mujer de Dios debe juzgar su propia actitud, admitiendo que inhibir el ministerio de otros por el bien de establecer el suyo propio es muy censurable. El hecho de que podamos sentirnos amenazados en nuestra posición en la iglesia no es una excusa. Hemos sido puestos donde estamos para ayudar al ministerio de otros, no para inhibirlo.

No hay base para tal temor. La lección aprendida en Xenos durante varios años pasados es que el modelo del Nuevo Testamento no solo está teológicamente correcto, sino también es capaz de rendir los resultados del Nuevo Testamento. Durante ese tiempo, Xenos ha multiplicado docenas de grupos hogareños. Después de comenzar en 1976 con solo 60 personas, hoy hay más de 5000 estudiantes y adultos asistiendo en forma regular a los grupos hogareños. Más aún, los grupos hogareños se han expandido a las diferentes áreas de la ciudad, alcanzando diferentes tipos de personas en sus propios vecindarios.

Made in the USA
Middletown, DE
13 January 2022